FICHES RESSOURCES À PHOTOCOPIER

Une collection dirigée par
Jean-Luc Caron

Découverte du monde : la matière et le vivant CP/CE1

Pascal Chauvel
Pascale Vidaillac

Illustrations de
Marie-Christine Exbrayat
et Anne Horrenberger

RETZ
www.editions-retz.com
9 bis, rue Abel Hovelacque
75013 Paris

ISBN : 978-2-7256-3080-9

Direction éditoriale : Sylvie Cuchin
Édition : Adeline Grimouille
Mise en page : Laser Graphie
Correction : Gérard Tassi

N° de projet : 10182695
Dépôt légal : janvier 2012.
Achevé d'imprimer en France en janvier 2012 sur les presses de l'imprimerie Sepec.
N° d'impression : 00421111227

Le papier de cet ouvrage est composé de fibres naturelles renouvelables,
fabriquées à partir de bois provenant de forêts gérées de manière responsable.

FSC
www.fsc.org
MIXTE
Papier issu
de sources
responsables
FSC® C022030

Cécile

Sommaire

Fiches 1a et 1b
Le vivant et le non-vivant

OBJECTIF

Comparer des êtres vivants à des objets non vivants afin de trouver les critères qui définissent le vivant et d'éliminer les faux critères.

MATÉRIEL

Une plante, un insecte, un robot télécommandé, un mobile, une pierre, une lampe de poche, un petit animal (lapin ou cochon d'Inde). Des illustrations de ces éléments.

DÉROULEMENT

Les enfants travaillent par groupes de 2 à 4.

1. L'enseignant place les éléments cités dans la liste du matériel sur une table commune. Chaque groupe vient observer ces éléments en ayant auparavant lu les consignes de la fiche.

Puis l'enseignant distribue les petites images représentant ces éléments.

2. Les enfants échangent leurs idées à l'intérieur du groupe et remplissent leur tableau en commun.

Un représentant du groupe vient exposer les résultats en formant les deux ensembles avec les éléments qui sont sur la table, et explique les choix faits en donnant les critères spécifiques au vivant. On compare ainsi les représentations de chacun en les confrontant.

L'enseignant donne alors aux enfants la possibilité de se servir de la partie *Pour t'aider* afin qu'ils affinent leurs explications, et une correction collective est ensuite réalisée. Sur un grand panneau, séparé en deux colonnes, vivant et non-vivant, on colle les images agrandies et on indique la conclusion qui met en évidence les critères de reconnaissance d'un être vivant :

Les êtres vivants sont caractérisés en majorité par le fait qu'ils respirent, qu'ils boivent et qu'ils se nourrissent dans leur milieu.

Le fait de se mouvoir n'est pas spécifique au monde vivant.

CORRIGÉS

Conclusion

Les **êtres vivants** se **nourrissent, respirent, grandissent** et peuvent se **reproduire** (faire des **petits**), ce que ne peut pas faire ce qui est **non vivant**.

Les êtres vivants sont les **animaux** et les **plantes**.

Pour aller plus loin

Il faut entourer en bleu : le cactus, le coquillage, le poisson rouge et la pomme de terre.

Fiches 2a et 2b
Les différents types de feuilles d'arbre

OBJECTIF

À partir de critères de détermination, apprendre à reconnaître différents types de feuilles d'arbre en utilisant leurs caractéristiques.

MATÉRIEL

Cinq feuilles d'arbres différents.

DÉROULEMENT

Les différentes feuilles peuvent avoir été prélevées lors d'une sortie en forêt ou apportées par l'enseignant.

Si vous ne trouvez pas certaines espèces, elles peuvent être remplacées par d'autres, et la fiche modifiée en conséquence :
– l'érable peut être remplacé par le platane ;
– le frêne par le robinier, le sureau, le sorbier ou le noyer ;
– le charme par le bouleau, l'orme ou le noisetier.

Il vous suffit alors de changer le nom des essences sur la fiche.

Chaque enfant dispose des cinq types de feuilles. En fonction du niveau de la classe, vous pouvez augmenter la difficulté en donnant un plus grand nombre de feuilles. Ils devront choisir dans le lot les 5 qui correspondent à la description qui leur est donnée.

Les enfants utilisent la partie *Pour t'aider* afin de recouper les divers critères de détermination.

Il est parfois difficile de distinguer une feuille simple de la foliole d'une feuille composée. Pour faire la différence, il suffit de regarder à la base de la « feuille ». S'il y a un bourgeon c'est une vraie feuille, s'il n'y en a pas c'est une foliole.

Si vous collez sur la fiche certaines feuilles, vous devrez au préalable les faire sécher.

Pour cela, mettez-les à plat dans un vieil annuaire en prenant soin de les changer de page tous les trois jours afin d'éviter qu'elles ne moisissent.

Fiches 3a et 3b
La forêt (1) : les arbres

OBJECTIF

Reconnaître les arbres qui composent une forêt ; utiliser les récoltes faites lors d'une sortie en forêt pour établir la carte d'identité de chaque arbre.

MATÉRIEL

Deux sacs plastiques, des feuilles, un fusain, des pochettes en plastique, du ruban adhésif.

Déroulement

1. Selon les régions, la composition des forêts change. Les enfants vont partir à la découverte d'une forêt et récolter un certain nombre d'éléments concernant les arbres présents : les feuilles et les fruits ; ils prendront également les empreintes des troncs. Pour obtenir cette empreinte, ils devront travailler par 2 : un enfant qui plaque une feuille blanche sur le tronc et un autre enfant qui passe le fusain, à plat, sur cette feuille. Ces empreintes seront conservées dans des pochettes plastiques (avec une étiquette), où les enfants glisseront également des feuilles et des fruits appartenant à cet arbre.

2. Les enfants, après avoir observé leur forêt, devront éliminer le pommier et colorier les arbres rencontrés durant leur sortie.

Sur place, par petits groupes (ou de retour à l'école), les enfants comparent leurs récoltes et s'entraident pour retrouver le nom des arbres qui correspondent aux divers échantillons. Ils complètent la fiche et indiquent le nom des arbres sur l'étiquette de la pochette correspondante.

La récolte ainsi faite pourra être utilisée pour réaliser la fiche d'identité de chaque arbre répertorié.

L'enseignant fera compléter la recherche en donnant les informations suivantes.

Une forêt constituée essentiellement :

– de chênes s'appelle une chênaie ;

– de sapins s'appelle une sapinière ;

– de pins s'appelle une pinède ;

– de hêtres s'appelle une hêtraie ;

– de châtaigniers s'appelle une châtaigneraie.

Les enfants pourront alors en déduire le type de forêt qu'ils ont étudié.

Fiches 4a et 4b
La forêt (2) : des végétaux autres que les arbres

Objectif

Faire connaissance avec les végétaux, autres que les arbres, qui composent une forêt. Utiliser les récoltes faites durant une sortie en forêt (plutôt à l'automne ou/et au printemps) pour établir la carte d'identité de ces végétaux.

Déroulement

Les enfants doivent être attentifs aux caractéristiques (sol, ensoleillement, etc.) de l'endroit où les échantillons sont prélevés.

Ils pourront, au choix, être en possession de leur fiche avant la sortie, afin de préparer cette dernière, ou durant la sortie et la compléter au fur et à mesure des découvertes, ou bien après la sortie pour reporter les informations rassemblées et faire une synthèse de la sortie.

Les enfants réaliseront ensuite les fiches d'identité des différents végétaux récoltés (fiche 3 comprise).

Sur cette fiche seront indiqués le nom du végétal et des informations le concernant (taille maximale, nom de ses fruits, couleurs de ses feuilles à l'automne et aspect de son tronc si c'est un arbre, etc.).

Une photographie de la plante, l'empreinte de l'écorce si c'est un arbre et une feuille séchée seront collées.

Corrigés

2. Il faut barrer la salade et la tulipe.

Fiches 5a et 5b
La forêt (3) : les animaux

Objectif

Bien souvent, lorsque l'on demande aux enfants de citer les animaux de la forêt, ils s'acquittent de cette tâche en nommant les gros animaux typiques de ce milieu (cerf, renard, sanglier, etc.) et qu'ils n'ont bien souvent jamais réellement rencontrés.

Le but de cette fiche est donc, à l'occasion d'une sortie en forêt :

– de découvrir les autres animaux de la forêt, d'essayer de récolter ou d'observer des éléments prouvant que tous y vivent (plumes, poils, bois, déjections, empreintes, cadavres d'insectes, terriers, nids, etc.)[1] ;

– de s'interroger sur la façon dont ces animaux y vivent. Pourquoi est-il difficile de rencontrer certains d'entre eux ? Faire des hypothèses sur les endroits où ils se cachent et pourquoi ;

– de prendre conscience des faits et gestes qui ont une incidence sur le comportement des animaux (exemple : le bruit que nous faisons fait taire les bruits de la forêt). On pourra alors établir les règles de bonne conduite du promeneur en forêt.

Les enfants pourront ensuite réaliser une fiche d'identité pour chaque animal rencontré (voir fiche 4).

Corrigés

1. Il faut barrer la vache et le lion.

1. Voir la fiche 6 pour le moulage des empreintes.

2.

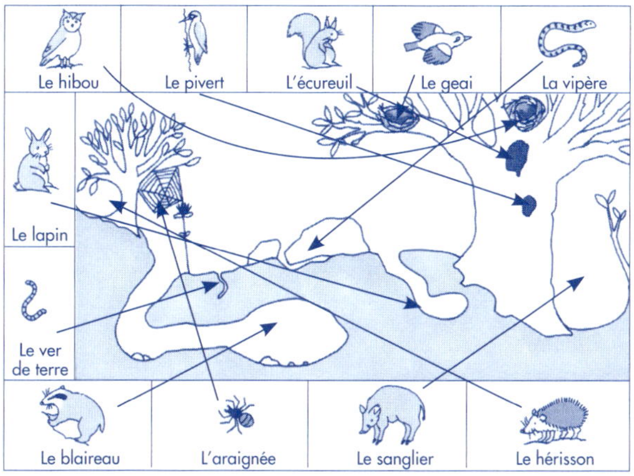

3. Il faut entourer « Ne pas parler », « Ne pas bouger », « S'habiller de la couleur de la forêt », « Emporter des jumelles ».

Fiches 6a et 6b
Étudier les traces d'animaux

Objectif

Faire appel au sens de l'observation des enfants :
– pour la découverte de traces lors d'une sortie ;

– pour leur détermination.

Réaliser des manipulations techniques : moulage et contre-moulage d'empreintes.

Déroulement

Deux étapes.

1. Sortie.

Lors d'une sortie en forêt ou dans une zone agricole, chercher à découvrir des traces d'animaux sauvages ou domestiques. Si vous en avez la possibilité, la recherche de traces autour d'une ferme peut s'avérer très fructueuse.

Dès que les enfants en trouvent une, ils essayent de la déterminer à partir de leur fiche.

Il se peut qu'ils trouvent d'autres traces que celles présentées. Un petit guide décrivant les diverses traces d'animaux peut vous être utile, toutefois les plus courantes figurent ici.

2. Réalisation du moulage.

Les enfants utilisent les informations données au verso de la fiche.

Pour plus de réalisme, le contre-moulage, après avoir été peint, peut être décoré (coller des morceaux de feuilles, d'herbe, un peu de terre).

Corrigés

Il faut colorier le blaireau, le cerf, le lapin, la biche, le sanglier, l'écureuil, le chevreuil et le renard.

Fiches 7a et 7b
Découverte d'un milieu : la mare

Objectif

Observer la diversité de la faune et de la flore autour et dans une mare.

Apprendre à reconnaître différentes espèces d'animaux et de végétaux. En conclure « l'état de santé » de la mare.

Déroulement

1. Les enfants s'aident des dessins proposés au verso pour répondre. D'autres végétaux, non typiques, vont être observés (chêne, hêtre, noisetier, charme, etc. ; voir fiche n° 3). Ils peuvent aussi être représentés, mais ne seront pas coloriés.

2. Pour connaître l'écologie des animaux proposés, vous pouvez consulter une encyclopédie, le livre *Sciences de la nature au cycle 2* (éditions Retz), le n° 21 « Spécial mare » du journal *La Hulotte* (Boult-aux-Bois, 08240 Buzancy) ou Internet.

Bien étudier en classe, avant la sortie, le *Pour t'aider* du verso de la fiche afin de préserver le plus possible la vie de la mare.

Vous pourrez pêcher d'autres animaux que ceux proposés. Vous les isolerez dans une cuvette et compterez le nombre d'espèces différentes. Vous utiliserez le résultat obtenu pour la conclusion.

Pour préserver la mare, il est nécessaire de remettre à l'eau tous les animaux pêchés. Les animaux retenus pourront être emmenés en classe, mais ils seront remis dans la mare une fois que les expériences auront été réalisées.

Conclusion

L'état d'une mare est révélé par sa richesse en êtres vivants, notamment en animaux. Plus le nombre d'espèces observées est important, plus on peut dire que la mare est saine.

Fiches 8a et 8b
La plume

Objectif

Comprendre le rapport entre la structure de la plume et sa fonction à partir d'expériences et d'observations.

Matériel

Une plume, une paille, une loupe, de l'eau dans un verre en plastique, une petite assiette, du Velcro.

Déroulement

Travail réalisé par groupes de 2.

La plume utilisée ne doit pas être du duvet, qui est l'isolant thermique de l'oiseau, mais une plume des ailes.

1. En soufflant, les enfants ne perçoivent pas le vent derrière la plume. Elle ne laisse pas passer l'air. Elle est donc étanche à l'air.

2. Verser doucement un peu d'eau sur la plume, en étant au-dessus de l'assiette.

L'eau glisse sur la plume et ne la traverse pas. Celle-ci est donc étanche à l'eau.

3. La plume est légère.

C'est donc une structure étanche à l'air, à l'eau, et qui est légère. Nous verrons dans la fiche n° 9 que ces deux caractéristiques sont essentielles pour le vol.

La suite de la fiche va permettre de comprendre comment la structure de la plume permet qu'elle soit étanche et légère.

4. Détail d'une plume.

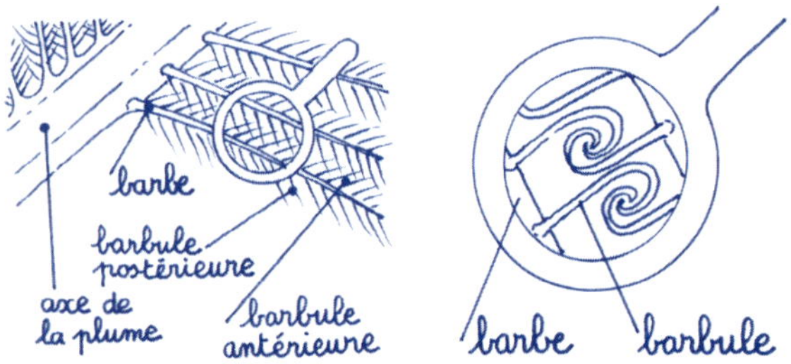

5. Tirer doucement sur les deux barbes en partant de leur milieu. En observant avec la loupe, les enfants voient que les barbules sont liées les unes aux autres, et le fait de tirer dessus les détache.

En observant le Velcro, ils comprennent le système de fixation qui se réalise entre les barbules.

Ce système assure l'étanchéité de la plume, ce qui empêche l'air ou l'eau de passer.

6. Vous pouvez, si la classe le permet, faire couper par les enfants à l'aide d'un couteau l'axe de la base de leur plume. Sinon, en distribuer des prédécoupées.

L'axe de la plume est creux, ce qui l'allège considérablement.

Corrigés

Conclusion

Une plume est étanche car : **son système d'attache au niveau des barbules fonctionne comme du Velcro**.

Une plume est légère car : **elle est creuse**.

Fiches 9a et 9b
La plume et le vol

Objectif

Utiliser différentes maquettes d'ailes et les comparer à une plume afin de comprendre pourquoi la plume est une structure bien adaptée au vol.

Matériel

Des plumes.

Pour les ailes en carton : deux morceaux de carton rigide de 50 cm sur 30 cm (type grand calendrier), une paire de ciseaux.

Pour l'aile en bois, découper dans une plaque de bois aggloméré de 1 cm d'épaisseur la même aile que celle en carton.

Déroulement

Les enfants travaillent par groupes de 3 ou 4. Chacun doit avoir le temps de réaliser soi-même l'ensemble des expériences.

1. L'enfant dessine la plume dans son état normal. En effet, elle déplace plus d'air que la plume abîmée et va donc s'appuyer plus efficacement sur lui, ce qui permet le vol. Cela explique pourquoi les oiseaux, lorsqu'ils sont au repos, se lissent très fréquemment les plumes.

2. Les enfants rappellent que la plume est étanche à l'eau et à l'air, et qu'elle est légère.

3. L'aile entière permet de bien s'appuyer sur l'air, contrairement à l'autre qui est beaucoup moins efficace.

L'aile entière, qui est « étanche » à l'air, est donc bien adaptée pour le vol.

4. Les deux ailes ont la même efficacité pour s'appuyer sur l'air, mais celle en bois est beaucoup trop lourde et elle est donc peu adaptée pour le vol.

Corrigés

Conclusion

1. et **3.** Une structure efficace pour le vol doit pouvoir s'appuyer sur l'air. C'est le cas pour une plume en bon état, et cela est mis en évidence par l'expérience réalisée avec les ailes en carton.

4. Elle doit aussi être légère (*cf.* fiche n° 8), et cela est mis en évidence par la comparaison entre l'aile en bois et l'aile en carton.

Fiches 10a et 10b
Évaluation

1. Je suis une feuille **simple**, aux nervures **pennées**, aux **lobes en forme de vagues**. Je suis une feuille de **chêne**.

2.

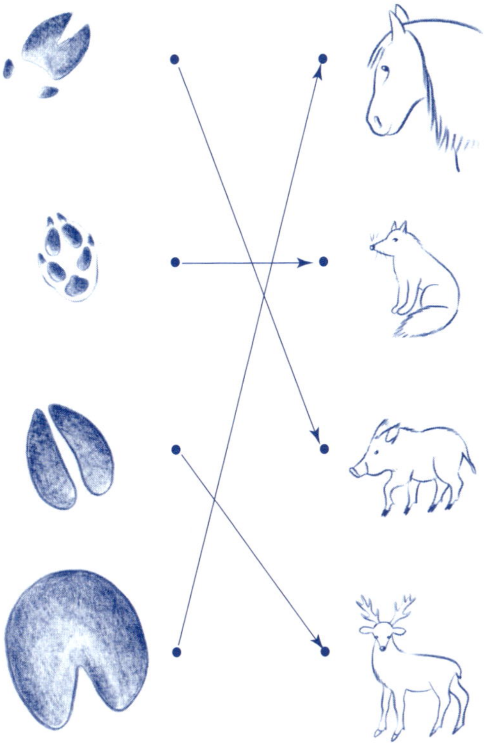

3.

Fiches 11a et 11b
Les différentes parties de la plante

Objectif

Découvrir :

– deux nouveaux savoir-faire : schématiser et légender ;

– les différentes parties d'une plante et le vocabulaire qui leur correspond.

Matériel

Une plante à fleurs dont les bourgeons sont visibles et qui ne soit pas trop difficile à schématiser.

Des graines de radis germées sur du papier absorbant et dont on peut déjà observer les deux premières feuilles et les racines.

Déroulement

1. Pour aider les enfants à réaliser leur schéma, vous pouvez leur proposer certains dessins de différentes parties.

Utilisez la partie *Pour t'aider* afin de bien leur expliquer la notion de **schéma**.

2. L'observation de graines de radis germées leur permet de voir les racines et de les rajouter sur leur schéma.

Faire donc bien attention à ce que les enfants laissent sur leur schéma de la place pour dessiner les racines.

3. Les enfants utilisent la partie *Pour t'aider* qui leur explique ce qu'est une **légende**.

Le plus souvent, les enfants ont oublié de représenter les bourgeons. Ils complètent leur schéma.

Les traits de la légende doivent être horizontaux et réalisés à l'aide d'une règle.

Corrigés

Conclusion

La plante est fixée au sol par ses **racines**.

Elle est constituée de **tiges** qui portent des **feuilles**, des **bourgeons** et des **fleurs**.

Fiches 12a et 12b
Observer une fleur

Objectif

À partir de la dissection d'une fleur, apprendre à reconnaître et à nommer les différentes parties qui la constituent.

Matériel

Une fleur, une pince à épiler, une loupe, du ruban adhésif.

Déroulement

Vous devez utiliser une fleur simple, qui possède donc un seul pistil. Dans la nature, vous pouvez utiliser le coquelicot, le millepertuis, la fleur de cerisier. La fleur la plus facile à utiliser est la tulipe, mais les sépales y sont de la même couleur que les pétales.

1. Les enfants ont une fleur pour deux.

Ils la dessinent de profil, légèrement vue de dessus afin de représenter une partie de l'intérieur. Le dessin sera réutilisé à la fin de la fiche. Les enfants le légenderont pour réinvestir le vocabulaire qu'ils viendront d'apprendre.

2. Les enfants observent la fleur à l'aide de la loupe, puis détachent un des sépales avec la pince à épiler. Les sépales sont les petites feuilles vertes qui sont en périphérie de la fleur. Ils scotchent le sépale dans le cadre. Ils font de même ensuite avec les pétales. Il ne reste plus alors sur la fleur que les organes sexuels.

En périphérie on trouve les étamines, qui sont les organes sexuels mâles. En prélever une puis la scotcher. Au centre on trouve le pistil, qui est l'organe sexuel femelle, et qui est unique (il va se transformer en fruit contenant les graines). Le prélever et le scotcher.

Conclusion

Les enfants utilisent le vocabulaire qu'ils viennent d'apprendre pour légender le schéma puis le dessin qu'ils ont réalisé en **1.**

Corrigés

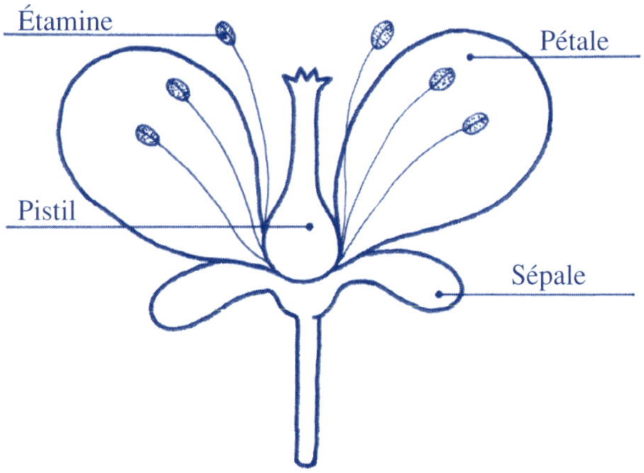

Fiches 13a et 13b
Qu'est-ce qu'une graine ?

Objectif

Connaître l'organisation de la graine.

Préciser son observation en s'aidant d'un schéma.

Observer que les graines ont la même structure.

Comprendre le rôle de chaque élément de la graine.

Matériel

Graines de haricot, dont une partie aura trempé dans l'eau pendant environ 10 heures.

Autres variétés de graines de tailles différentes : par exemple de lupins, de pois de senteur, de capucines, de fèves... dont quelques-unes auront trempé également dans l'eau.

Déroulement

Discussion avec la classe : Qui a déjà semé des graines ? où ? comment ?

1. Les enfants travaillent par groupes de 2 ou 3. Chaque groupe dispose de 3 graines de différentes espèces, dont une de haricot (il s'agira des graines sèches).

Les enfants manipulent ces graines et se les échangent afin de les observer. Sont-elles identiques ? Les avez-vous déjà rencontrées ? Quelle plante donnent-elles ? L'enseignant proposera des indices (utilisation de la plante ou images des plantes). Les enfants les décrivent et font le point sur ce qui est commun ou différent d'une graine à l'autre. Faire remarquer, si les enfants n'en parlent pas, le point d'attache présent sur chaque graine. On peut l'illustrer au tableau par un dessin de la graine fixée dans une gousse de haricot.

Les enfants dessinent leurs graines, indiquent leur origine et mettent par écrit le résultat de leurs observations. Les points communs qui devront être notés sur les dessins sont l'enveloppe et le point d'attache dans le fruit.

2. Les graines de haricot distribuées aux enfants devront avoir trempé plus de 10 heures afin de rendre plus faciles les manipulations.

Donner une graine par enfant. L'enveloppe va se fendre sous l'ongle et l'enfant écartera les deux parties, laissant apparaître les deux cotylédons et l'embryon, constitué de la future racine et des futures feuilles (il sera à l'origine de la nouvelle plante). Les enfants devront dessiner ce qu'ils observent et se servir de la partie *Pour t'aider* afin de légender le croquis.

3. L'enfant devra refaire la même manipulation que précédemment, en séparant les trois éléments et en plaçant chacun d'eux dans la partie du tableau correspondante : l'enveloppe qui protège la graine (le tégument), l'embryon et le cotylédon qui va nourrir la petite plante durant le début de son développement.

Corrigés

Conclusion

Les **graines** contiennent un **embryon**, deux **cotylédons** qui sont les réserves de **nourriture**, et une **enveloppe** qui protège le tout et où l'on voit la cicatrice du **point d'attache** de la graine dans le fruit.

Fiches 14a et 14b
Le développement d'une graine de haricot

Objectif

Observer et comprendre les étapes de la germination d'une graine de haricot.

Matériel

Un pot en verre par enfant ou pour un groupe d'enfants.

Par pot : 2 graines de haricot, une feuille de papier absorbant (mouchoir en papier, essuie-tout...), de la terre. De l'eau.

Déroulement

1. Les enfants, ayant déjà fait l'étude de la graine précédemment, vont pousser plus loin leur recherche en étudiant cette fois la transformation de la graine, et donc le développement de la plantule. Pour observer cela, ils vont réaliser l'expérience proposée : la graine placée contre la paroi et isolée de la terre sert de témoin, celle qui est dans la terre va nous permettre d'observer son développement dans des conditions normales.

2. Les enfants prendront un moment chaque jour pour observer leur graine. Ils devront dessiner chaque changement et relever la date.

3. Dans cette phase du travail, les enfants devront faire correspondre un texte à ce qu'ils ont observé. Pour cela, ils devront coller, sous les illustrations de chaque étape, un texte explicatif. Ils pourront s'appuyer sur le *Pour t'aider*, qui représente le cycle de vie du haricot.

Corrigés

3.

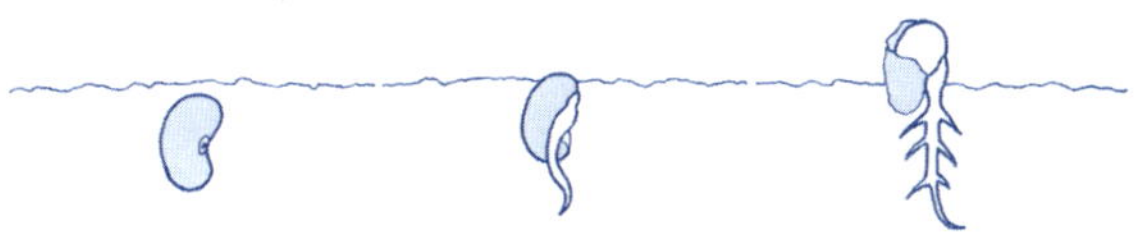

La graine contenant la plantule est mise en terre.

La graine gonfle, l'enveloppe se déchire et la radicule apparaît.

Les cotylédons apparaissent. L'enveloppe se déchire davantage.

La petite tige se redresse, les premières feuilles apparaissent entre les cotylédons. Le reste de l'enveloppe tombe.

Le jeune plant se développe. Les cotylédons qui servaient à le nourrir deviennent plus petits.

Les cotylédons tombent. La jeune plante continue à grandir en puisant sa nourriture par ses racines.

Fiches 15a et 15b
La multiplication des plantes

Objectif

Réaliser en classe des cultures simples afin de comprendre les différents moyens que possède le jardinier pour obtenir de nouvelles plantes.

Matériel

Deux graines de haricot, deux bulbes de jacinthe, deux tubercules de pomme de terre, un bout de tige d'impatiens, un verre d'eau, deux pots remplis de terre, un pot de confiture à col étroit.

Déroulement

Par groupes de 2, les enfants vont réaliser les différentes cultures.

1. La graine de haricot est enfoncée d'environ 1 cm dans la terre, puis arrosée régulièrement.

Le bulbe de jacinthe est déposé au niveau du col du pot en verre, sa base trempera légèrement dans l'eau. Au début, vous pouvez protéger le haut du bulbe de la lumière pour que le bourgeon ne se développe pas trop rapidement. Mettre un morceau de charbon au fond du pot pour éviter que l'eau ne croupisse.

Pour la pomme de terre, prendre un pot suffisamment grand. Le tubercule doit y être enfoncé de quelques centimètres. Vous observerez alors un plant de pomme de terre se développer.

Pour la technique du bouturage, voir *Pour t'aider*.

2. La graine contient une plante en miniature (voir fiche n° 14).

3. Pour la jacinthe et la pomme de terre, on n'observe pas d'embryon de plante, ce ne sont donc pas des graines.

La pomme de terre est un organe de réserve qui est pourvu de bourgeons. En se développant, ceux-ci donnent une nouvelle plante.

Le bulbe est, lui aussi, un organe de réserve en forme d'oignon qui donne une nouvelle plante.

Corrigés

Conclusion

Les quatre moyens qui permettent d'obtenir une nouvelle plante sont : l'utilisation d'une graine, d'un bulbe, d'un tubercule ou la technique du bouturage.

Fiches 16a et 16b
La circulation de l'eau dans la plante

Objectif

À partir d'une série d'expériences, découvrir le trajet de l'eau dans la plante et le résumer dans un schéma.

Matériel

Une plante avec feuilles, une plante sans feuilles, deux sacs plastiques transparents, un œillet, un verre, de l'encre rouge, une branche de céleri, un couteau.

Déroulement

1. Cette expérience doit être réalisée avec des œillets blancs. Un œillet est déposé dans un petit récipient contenant de l'eau colorée avec de l'encre rouge. La plante va absorber de l'eau qui va monter jusqu'à la fleur dont les nervures vont se colorer en rouge en quelques heures (plus il fait chaud, plus la montée sera rapide).

Cette expérience montre que l'eau circule du bas vers le haut de la plante.

2. Si vous pensez que les enfants ne peuvent pas effectuer eux-mêmes les coupes, vous pouvez les réaliser à l'avance à l'aide d'une lame de rasoir.

En observant la coupe transversale de la tige de céleri, les enfants constatent que la circulation de l'eau dans la plante n'est pas diffuse, mais endiguée dans des canaux appelés « vaisseaux du bois ». Le liquide qui y circule est la sève.

3. Les expériences peuvent être réalisées à l'aide d'une ou de plusieurs plantes. Vous pouvez utiliser du géranium, de l'impatiens, etc.

Afin d'obtenir des résultats positifs, bien fermer la base du sac en plastique au pied de la plante à l'aide d'une ficelle, sans toutefois trop serrer pour ne pas blesser la tige. Le sac ne doit pas entourer le pot, car les enfants pourraient émettre l'hypothèse que l'eau évaporée provient de la terre et non de la plante.

En effet, ils observent, quelques heures après le début de l'expérience, des gouttelettes d'eau sur les parois du sac. Ils les dessinent.

Pour la seconde expérience, on enlève toutes les feuilles d'une plante : on observe alors la quasi-absence de gouttelettes sur les parois du sac. Les enfants concluent que l'eau qui circule dans la plante s'échappe par les feuilles.

4. Sans racine, la plante se dessèche. (Dans un vase, les fleurs vivent peu de temps. Comparer par exemple la durée de vie d'une tulipe dans un vase avec celle d'une tulipe en terre.)

Conclusion

Le dessin permet de faire une synthèse.

L'eau entre par les racines où elle forme la sève, puis circule vers le haut de la plante par les vaisseaux du bois, et s'évapore au niveau des feuilles.

Corrigés

Fiches 17a et 17b
Évaluation

1.

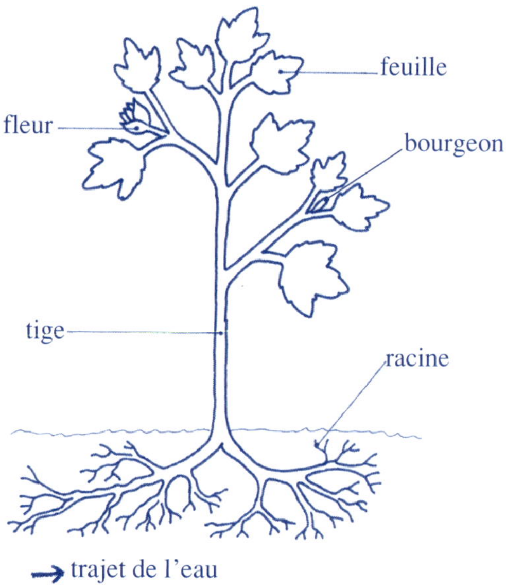

2.

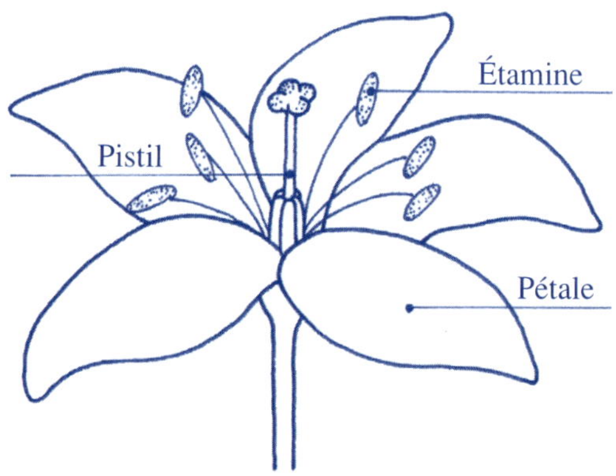

Il n'y a pas de sépales visibles (ils ont la même couleur que les pétales).

3.

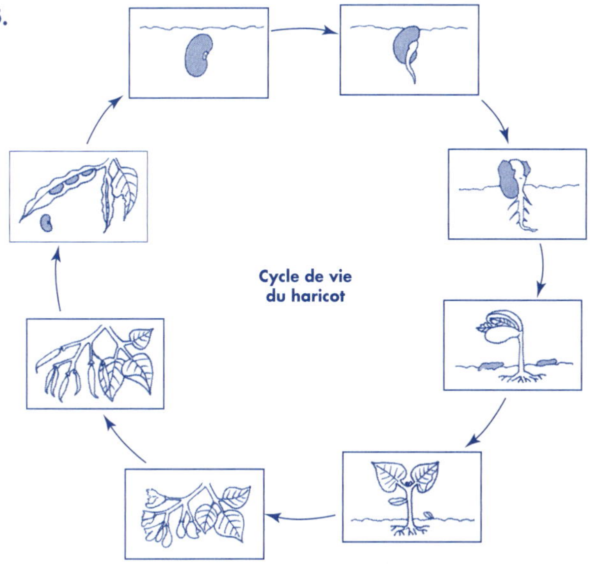

Fiches 18a et 18b
Apprendre à reconnaître les petits animaux

Objectif

Découvrir les critères de détermination de certains animaux puis les utiliser afin de les classer.

Matériel

Des récipients transparents, de petites cuillères pour attraper les animaux, les loupes. Les animaux sont soit récoltés par l'enseignant, soit ramassés lors d'une sortie. Il est plus ludique pour les enfants d'observer les animaux au travers de récipients transparents. Les insectes et les araignées se trouvent aisément dans la cour de récréation ou dans un jardin, du printemps à l'automne. Les mille-pattes peuvent être attrapés sous des pierres, des écorces d'arbres morts ou dans un tas de compost.

Déroulement

1. Aucune information n'est donnée aux enfants. Ils réalisent les dessins à partir de leur vécu personnel. Le but de la séance est de corriger leurs erreurs à partir d'observations directes d'animaux.

2. Par groupes de deux, les enfants réalisent les observations avec une loupe et complètent les ébauches de dessins qui leurs sont proposées.

– **Insecte** : 3 paires de pattes, une paire d'antennes.

– **Araignée** : 4 paires de pattes, pas d'antennes. Attention ! les deux parties situées à l'avant au niveau de la tête sont des « appendices buccaux », appelés *chélicères,* qui n'ont rien à voir avec des antennes.

– **Mille-pattes** : nombreuses paires de pattes, une paire d'antennes.

3. Suite à leurs observations, les enfants réalisent les mêmes dessins qu'en **1** en les corrigeant.

Exemple : si, comme insecte, l'enfant a dessiné un papillon, il le représente à nouveau, mais avec le nombre convenable de pattes et d'antennes.

Corrigés

2. Les enfants complètent les dessins : 3 paires de pattes et 1 paire d'antennes pour l'insecte, 4 paires de pattes et pas d'antennes pour l'araignée, de nombreuses pattes et 1 paire d'antennes pour le mille-pattes.

Conclusion

Un insecte possède **6** pattes et **2** antennes.

Une araignée possède **8** pattes et **n'a pas d'**antennes.

Un mille-pattes possède **de nombreuses** pattes et **2** antennes.

Pour aller plus loin

Il faut entourer en bleu la libellule et la fourmi, en rouge l'araignée, en vert le mille-pattes.

Le crabe, le cloporte et la crevette sont des crustacés (le cloporte est le seul crustacé terrestre). Le scorpion fait partie des arachnides tout comme les araignées (4 paires de pattes), mais il possède à l'avant une paire d'appendices transformée en pince.

Ces 4 animaux sont donc des intrus.

Fiches 19a et 19b
La coccinelle

Objectif

Par l'étude des coccinelles, les élèves repèrent des caractéristiques du vivant : naissance, croissance et reproduction ; nutrition et régimes alimentaires de ces animaux, leur rôle dans l'écosystème.

Information

La coccinelle est un insecte de la famille des coléoptères (comme le scarabée, le lucane, le hanneton, le charançon, etc.). Il existe environ 90 espèces de coccinelles en France. La coccinelle à 7 points est la plus répandue en France. C'est une grande prédatrice de pucerons et de cochenilles : elle peut dévorer jusqu'à 150 pucerons par jour, ce qui en fait une grande auxiliaire pour les jardiniers. Elle possède deux paires d'ailes. Elle a trois paires de pattes courtes, une paire d'antennes comme tous les insectes.

Au printemps, le mâle et la femelle s'accouplent. La femelle pond jusqu'à 50 œufs sur une feuille envahie de pucerons ; ces derniers serviront de repas aux larves, qui sortent au bout de 3 à 7 jours. Ces larves peuvent dévorer jusqu'à 9 000 pucerons durant les trois semaines de leur développement. Puis c'est le moment de la nymphose : les larves se fixent sous une feuille et, à l'état de nymphes, vont rester immobiles. Au bout de 8 jours, des coccinelles jaunes émergeront et prendront leur couleur définitive au bout de 48 heures.

Déroulement

Cette séquence sera menée au printemps, après les vacances de Pâques de préférence. Dans un premier temps, les élèves sèmeront des graines de capucine ou de pois de senteur (*cf.* la fiche 14). Ces plantes serviront à attirer des pucerons, qui en sont très friands. Ce problème d'invasion devra faire l'objet d'une discussion avec les élèves : comment faire pour s'en débarrasser ? Une recherche sur Internet est menée : on trouve très vite des images de pucerons en présence de coccinelles. En tirer la conclusion que la coccinelle mange les pucerons. On peut alors commander des œufs de coccinelles sur Internet, et capturer quelques coccinelles que l'on déposera dans un vivarium avec les plants de capucines. Les élèves observent ce qui s'y passe et notent leurs observations. L'enseignant apporte les informations au fur et à mesure. En parallèle de l'observation du cycle de vie de la coccinelle, les élèves s'intéressent à sa morphologie ainsi qu'à celle du puceron.

1. Les élèves complètent le texte à trous.

2. Ils complètent les dessins de la coccinelle et du puceron après les avoir observés dans le vivarium ou sur Internet. En constatant qu'ils ont tous les deux 3 paires de pattes et une paire d'antennes, on peut en déduire qu'il s'agit d'insectes (*cf.* la fiche 18).

3. Les élèves, par groupe et à tour de rôle, auront sur leur table le vivarium et dessinerons ce qu'ils y voient : les végétaux, les insectes.

4. Lorsque l'on observe l'apparition des œufs (introduits ou pondus dans le vivarium), on note la date et on colle les vignettes qui correspondent à ce qui se passe. Nommer chaque jour deux élèves de service qui devront observer minutieusement le vivarium plusieurs fois par jour (on pourra leur fournir une loupe).

Corrigés

2. Ces deux animaux ont une paire d'**antennes** et 6 **pattes** : ce sont donc des **insectes**.

Conclusion

Le mâle et la femelle coccinelle s'accouplent. La femelle **pond** jusqu'à 50 **œufs** jaunes sur une **feuille**. Au bout de **3 à 7** jours, les œufs éclosent et des **larves** en sortent. Elles vont manger jusqu'à 9 000 **pucerons** pendant 3 semaines. Puis elles s'accrochent et se transforment en **nymphes**. Elles restent ainsi pendant **8** jours. Enfin, une coccinelle de couleur **jaune** sort. Ensuite, elle devient **rouge** avec des points **noirs**. Elle dévorera 150 **pucerons** par jour.

La coccinelle est donc d'une grande aide pour le jardinier qui veut se débarrasser des pucerons sans utiliser de produits chimiques mauvais pour la nature.

Fiches 20a et 20b
Le développement de deux insectes

Objectif

Traiter de la morphologie de la coccinelle, ainsi que de la métamorphose d'un autre insecte, le papillon, en comparant les étapes observées avec la coccinelle à celles de la vie d'un papillon.

Déroulement

1. Les élèves collent les étiquettes correspondant aux parties du corps de la coccinelle représentée en vue de dessus.

2. Les élèves doivent relier les noms écrits aux parties du corps correspondantes (on conclut alors que ces insectes ont des points communs au niveau de leur corps).

3. On rappelle oralement les phases de transformation de la coccinelle.

4. On recherche sur Internet *œuf*, *larve* puis *nymphe* de papillon (on choisira un texte ou une image selon le niveau de lecture). Les élèves remettent dans l'ordre les illustrations correspondant aux 4 phases.

Corrigés

1.

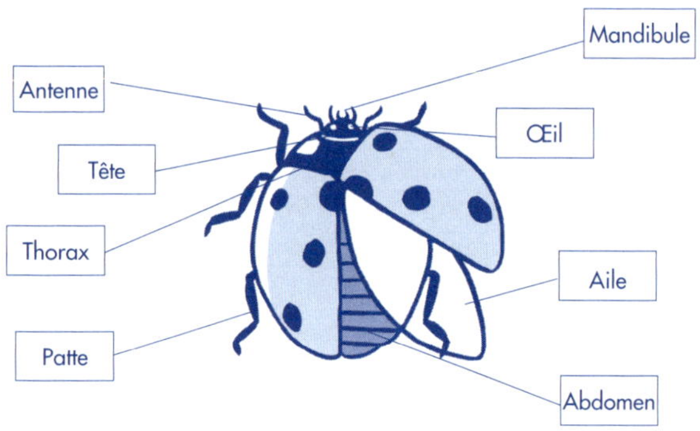

2.

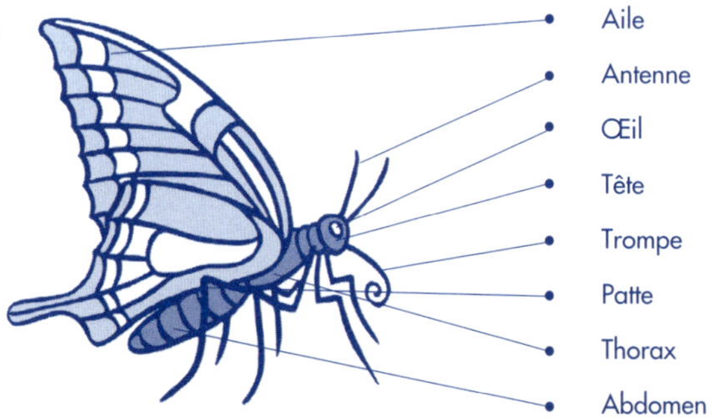

3.

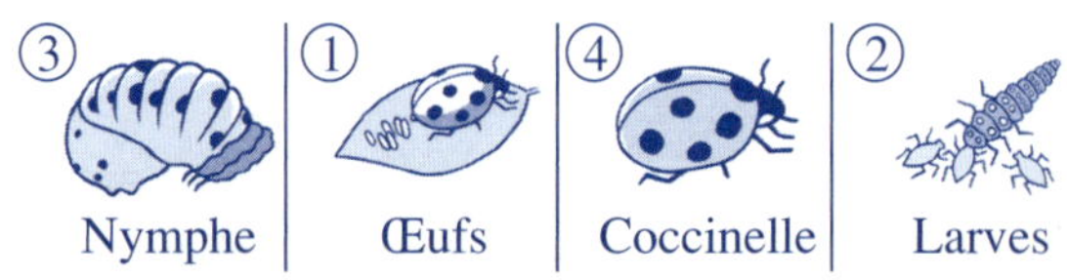

4.

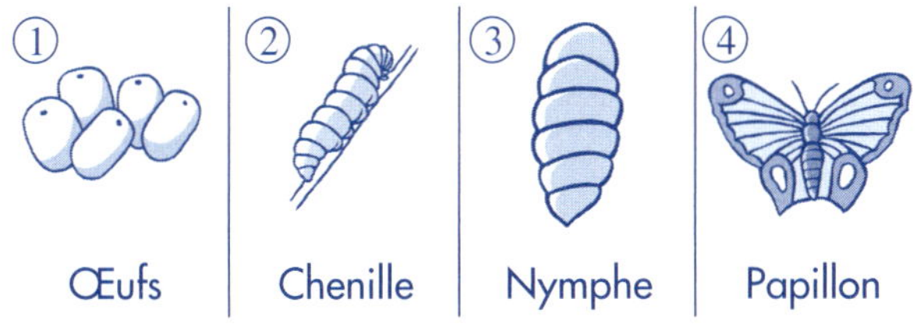

Conclusion

Ces deux **insectes** ont de nombreux points communs. Ils pondent des **œufs**. Il en sort des **larves** ou des **chenilles**. Ensuite elles se fixent et se transforment en **nymphes** (ou **chrysalides**) avant de devenir adultes.

Fiches 21a et 21b
La croissance d'un animal

Objectif

Observer la croissance d'un petit animal en le pesant régulièrement. Visualiser les résultats obtenus à l'aide d'un code.

Matériel

Un lapin ou un cochon d'Inde, un cobaye, etc., né il y a peu afin que les différences de poids soient facilement observables, une balance.

Déroulement

La séance s'étale sur environ 3 mois.

L'enseignant présente à la classe le nouvel arrivant (s'il existe déjà un élevage, il est très intéressant de partir d'un petit né dans la classe). Il précise sa date de naissance, et l'ensemble des enfants lui trouve un nom.

Chaque semaine, un groupe de 2 ou 3 enfants pèse l'animal et communique le nouveau poids à l'enseignant, qui le note au tableau.

Celui-ci explique alors le principe du code (présenté au verso de la fiche) utilisé pour visualiser le poids. L'exemple choisi est le cochon d'Inde, mais le principe est le même pour tous les types d'animaux.

Pour les CP, le calcul risque d'être trop difficile : il sera donc réalisé avec la coopération du maître.

Les enfants utilisent ensuite chaque semaine le bloc de vignettes fourni en y découpant le nombre nécessaire. (L'enseignant photocopiera les vignettes autant de fois que nécessaire pour en avoir un nombre suffisant à chaque pesée de l'animal.)

Ils vont constater, au fur et à mesure des résultats, que la surface formée par les carrés augmente en fonction de la masse de l'animal. Ils peuvent alors compléter la conclusion en y rappelant le nom donné à l'animal.

Vous pouvez poursuivre l'expérience sur une période plus longue en utilisant une nouvelle fiche. Elle permettra de montrer (si cela n'a pas été le cas en 3 mois) qu'à partir d'un certain moment la masse n'augmente plus, et qu'elle correspond alors à l'âge adulte.

Fiches 22a et 22b
Quels sont leurs aliments préférés ?

Objectif

Montrer que, tout comme l'homme, les autres animaux ont eux aussi leurs préférences alimentaires.

Matériel

Deux petits animaux élevés dans la classe (cochons d'Inde, lapins ou grillons) et différents aliments consommés par ces animaux.

Déroulement

De nombreux animaux d'élevage peuvent convenir : cochon d'Inde, lapin, grillon. La présentation de la fiche vous laisse le choix et permet donc d'utiliser des animaux déjà présents dans la classe. Au verso sont représentés les trois principaux types d'animaux d'élevage, mais d'autres peuvent être testés.

1. Les enfants dessinent et nomment, à partir de l'observation faite en classe, les aliments les plus consommés par les deux animaux qui ont été choisis.

Par exemple, si ce sont deux cochons d'Inde : salade, carotte, pain, paille, poireau…

2. En fonction du niveau de la classe, l'enseignant guide plus ou moins les enfants pour la réalisation des expériences. Le verso de la fiche est utilisé lors de l'expérimentation, puis peut être ensuite collé dans le cahier. Bien expliquer aux enfants que les résultats décrits sont des exemples et qu'ils ne correspondront pas forcément à ceux qu'ils obtiendront.

L'exemple du cochon d'Inde représenté ici est applicable aux autres animaux.

Conclusion

Elle permet de savoir si l'enfant a bien compris la notion de hiérarchie dans les préférences alimentaires.

Fiches 23a et 23b
Manger et être mangé

Objectif

Les enfants devront comprendre que les êtres vivants d'un milieu, ici la forêt, sont interdépendants. Ainsi, à partir des observations faites lors d'une sortie, de leurs connaissances, de films, de photographies, ils vont découvrir ce qu'est une chaîne alimentaire.

Déroulement

1. et **2.** Durant la promenade en forêt, les enfants vont observer des végétaux grignotés, peut-être même des restes de petits animaux.

Il leur sera demandé d'émettre des hypothèses quant à ce qui a pu faire subir cela à cet être vivant. Se poser les questions suivantes :

– Le responsable peut-il être un végétal ou un animal ?

– Qui pourrait se nourrir ainsi ?

– Par quel être vivant pourrait-il, à son tour, être dévoré ?

– Que se passerait-il s'il n'y en avait pas ?

Prendre ainsi conscience qu'il doit y avoir un équilibre entre les différentes populations d'un milieu, et que l'absence d'un de ces êtres aurait des conséquences pour tous les autres et pour la forêt elle-même.

Introduire, s'il n'est pas connu, le vocabulaire spécifique : *proie, prédateur.*

3., **4.** et **5.** Chercher, pour certains animaux, leurs régimes alimentaires.

Prendre 6 exemples : le cerf, la chenille, le renard, la chouette, le sanglier, la fourmi.

Arriver à établir 3 groupes. Donner, s'il n'est pas connu, le vocabulaire correspondant : *végétarien* ou *herbivore, carnivore, omnivore.* Pour compléter le tableau, les enfants de CE1 peuvent, si cela est possible, faire des recherches dans des documentaires.

Corrigés

1. Renard, hibou, chêne, cerf, fraisier, mulot, lombric (ver de terre), feuille de chêne, hérisson, écureuil, noisettes, escargot, champignon (bolet).

2. La fraise est mangée par le mulot qui est mangé par le hibou.

3. Herbivore ou **végétarien** ; **carnivore** ; **omnivore**.

4. Il faut colorier **végétal**.

5. Herbivore : cerf, mulot, escargot, écureuil ; omnivore : hérisson ; carnivore : hibou, renard.

Le ver de terre est détritivore : il se nourrit des déchets organiques présents dans la terre (morceaux de feuilles et de racines mortes, par exemple).

Fiches 24a et 24b
Comment la notonecte repère-t-elle ses proies ?

Objectif

Découvrir à l'aide d'expériences le sens utilisé par un insecte, la notonecte, pour repérer ses proies. Réaliser une démarche expérimentale simplifiée : hypothèses, expériences, résultats, conclusion.

Déroulement

1. Le sens testé est l'odorat. Si le coton-tige est placé doucement à l'opposé de la notonecte, celle-ci ne bougera pas. Donc la notonecte n'utilise pas ce sens pour repérer sa proie.

2. Le sens testé est la vue. Le fil de fer rouge, qui doit faire un peu moins d'un centimètre de long, est censé ressembler au ver de vase. Il est accroché à un morceau de fil de pêche. Si le fil de fer est placé doucement à l'opposé de la notonecte, celle-ci ne bougera pas. Donc la notonecte n'utilise pas la vue pour repérer sa proie.

3. Le sens testé est le toucher. L'agitation du fil de pêche dans le coin du récipient où sont réalisées les expériences crée des mini-vagues. Ce mouvement va être capté par la notonecte qui se précipite sur le fil, le goûte puis le rejette car il n'est pas comestible. Le sens utilisé est donc le toucher.

Pour aller plus loin

Expérience 1. Le sens testé est l'*odorat* : le dytique se précipite, ce sens lui permet donc de repérer sa proie.

Expérience 2. Le sens testé est la *vue* : aucun mouvement du dytique, ce sens n'intervient donc pas.

Expérience 3. Le sens testé est le *toucher* : aucun mouvement du dytique, ce sens n'intervient donc pas.

Le dytique repère donc sa proie à l'aide de l'odorat.

Ces expériences peuvent être concrètement réalisées en classe si vous avez eu la chance de pêcher un dytique. Cette espèce est protégée : vous devrez donc ensuite la remettre dans la mare.

Fiches 25a et 25b
Mon corps grandit

Objectif

Permettre à l'enfant de visualiser sa croissance.

Matériel

Chaque élève dispose de sa toise personnelle (toise photocopiable en fin de fichier), qu'il ressortira lors de chaque mesure réalisée en classe.

Déroulement

Demander aux enfants de quelle façon ils se rendent compte qu'ils grandissent (vêtements trop petits, repère avec les meubles, mesures, etc.). Leur proposer de faire l'expérience de se mesurer toute l'année, chaque mois, pour constater les changements.

1. Par deux, les enfants se mesurent et mettent un repère sur leur toise personnelle, qui est fixée sur un mur (voir p. 95 et 96) ; puis ils reportent la mesure dans leur tableau. Ils peuvent calculer l'écart ou le mesurer sur la toise.

2. Proposer de prendre également la mesure de la main, afin de voir si elle grandit, elle aussi. Pour la main, faire une comparaison entre deux empreintes, l'une faite en début d'année et l'autre en fin d'année.

On pourra comparer les résultats obtenus par différents enfants et en conclure qu'ils n'ont pas tous la même croissance (expliquer ce terme).

L'enseignant pourra également faire son propre relevé afin de mettre en évidence que les adultes ne grandissent plus.

Conclusion

L'enfant calcule ou mesure les écarts entre les mesures du début et celles de la fin de l'année.

Fiches 26a et 26b
Une alimentation bien équilibrée dans la journée

Objectif

Faire prendre conscience à l'enfant de ce qu'il mange tout au long de la journée. Il va se poser des questions sur cette nourriture et analyser la composition de ses repas.

Déroulement

1. À la question « Pourquoi doit-on se nourrir ? », les enfants devront dans un premier temps réfléchir en petits groupes. Puis chaque équipe proposera une réponse la plus complète possible. On fera alors une synthèse qui servira de réponse collective.

Exemple : *Nous devons nous nourrir afin d'apporter à notre corps tout ce dont il a besoin pour bien fonctionner (marcher, courir, réfléchir, etc.) et rester en parfaite santé.*

2. Pour le relevé des différents aliments consommés dans la journée, les enfants reproduiront le tableau de la fiche sur une feuille qui servira de brouillon. Puis ils recopieront proprement sur la fiche après correction de l'orthographe. Préciser que tout ce qui sera consommé, aliments, sucreries, boissons, devra être obligatoirement inscrit dans le tableau au bon endroit.

La classe prend ensuite connaissance du *Pour t'aider* et chacun donne des exemples appartenant aux différents groupes.

L'enseignant peut préciser verbalement les rôles des différentes familles :

– Les aliments qui bâtissent et réparent le corps (muscle, cerveau, etc.) : les viandes, le poisson, les œufs et les produits laitiers (les protides).

– Les aliments qui donnent de l'énergie : les sucres, les pommes de terre, le riz, les pâtes, les céréales (les glucides) et les produits contenant des graisses comme le beurre, l'huile, etc. (les lipides).

– Les aliments qui nous protègent : les fruits et les légumes, qui nous apportent des vitamines.

– Les boissons, qui hydratent le corps.

Les enfants, ensuite, doivent colorier les aliments inscrits dans leur tableau de la couleur qui correspond au groupe auquel ils appartiennent.

Ils donnent les résultats observés (couleurs également réparties ou non) en cochant la réponse correspondante.

Un enfant qui présentera toutes les couleurs en quantité équitable pourra qualifier son alimentation d'équilibrée. Celui qui n'aura pas utilisé toutes les couleurs ou de façon inéquitable ne pourra pas qualifier son alimentation d'équilibrée.

Pour la quantité de nourriture, établir avec les enfants, oralement, les risques encourus si nous mangeons trop ou trop peu (dépasser le côté esthétique pour parler des incidences sur la santé).

Les enfants pourront ensuite réinvestir ce qu'ils ont retenu en élaborant un menu équilibré, qui pourrait être idéalement réalisé et dégusté à l'école.

Corrigés

Conclusion

Pour être en bonne santé, il faut avoir une alimentation **équilibrée**, c'est-à-dire manger de **tout** en quantité raisonnable (ni trop, ni trop peu). Il faut boire au moins six verres d'eau par **jour**. Attention aux sucreries, qui peuvent te faire prendre du poids et donner des **caries**.

Fiches 27a et 27b
Les modifications dans mon corps lors d'un effort

Objectif

Les enfants vont découvrir, lors d'une séance de sport, les modifications qui surviennent dans leur corps pendant et après un effort.

Déroulement

La séance se déroule pendant une séquence de sport.

1. Les enfants effectuent une petite course.

Ils remplissent ensuite la fiche qu'ils ont emportée avec eux (ne pas oublier un crayon à papier et un support pour écrire).

2. Durant l'expérience, l'enseignant indique le temps aux enfants à l'aide d'un chronomètre.

3. Après une nouvelle petite course, les enfants mesurent leur pouls.

Il est préférable qu'ils s'entraînent à la prise de pouls avant l'expérience.

Conclusion

Les enfants constatent une accélération du pouls et de la respiration après un effort. Cela s'accompagne d'un dégagement de chaleur, qui est dû à l'énergie produite lorsque les muscles travaillent.

Lors de la récupération, ces phénomènes s'atténuent pour ensuite revenir à la normale.

Pour aller plus loin

L'expérience se déroule par groupes de 2. L'enfant qui réalise les flexions mesure sa respiration pendant que l'autre lui prend son pouls.

Ils constatent que plus l'effort est important, plus le rythme cardiaque et la respiration augmentent.

Corrigés

Conclusion

Lors d'un effort, je respire **plus**, mon cœur bat **plus** vite et j'ai **plus** chaud.

Après l'effort, je récupère, alors je respire **moins**, mon cœur bat **moins** vite et j'ai **moins** chaud.

Pour aller plus loin

Plus l'effort est important, plus mon pouls **augmente** et plus mon rythme respiratoire **augmente**.

Fiches 28a et 28b
Équilibrer les activités d'une journée

Objectif

En comparant sa journée à une journée type, faire comprendre à l'enfant la nécessité d'une journée bien équilibrée.

Déroulement

1. et **2.** Les enfants, après lecture du *But de la fiche,* décrivent deux types de journée, une à la maison (le mercredi) et une à l'école, en complétant le recto de la fiche.

Le travail peut être réalisé en deux temps : découverte de la fiche, puis les enfants la complètent, chez eux pour la partie *Journée à la maison* et en classe pour la partie *Journée d'école.*

Conclusion

Les dessins représentent des activités types correspondant à des moyennes. Bien expliquer aux enfants que le but est de se situer par rapport à cette moyenne. S'en écarter légèrement n'est pas un drame. Il existe par exemple des petits dormeurs, des « couche-tôt » et des « lève-tard ». Il est toutefois nécessaire de leur faire réaliser que :

– passer trop de temps devant la télévision ou des jeux vidéo n'est pas idéal pour leur épanouissement ;

– trop d'activités sportives et culturelles le mercredi risquent d'engendrer une fatigue importante, car c'est aussi une journée de repos.

On pourra insister sur la nécessité d'une journée équilibrée au niveau de l'alimentation, en soulignant le rôle du petit déjeuner, qui est souvent négligé, et l'importance de manger des légumes et des fruits frais (voir fiche n° 26).

Fiches 29a et 29b
À la découverte des microbes

Objectif

Découvrir la diversité des microbes : prendre conscience des micro-organismes présents autour de nous, bien qu'invisibles à l'œil nu. Prendre connaissance de trois types de ces microbes, les bactéries, les champignons et les virus, et du rôle positif ou néfaste qu'ils ont pour nous.

Matériel

Aliments moisis (pour obtenir du pain moisi, mettre une fine couche d'eau sucrée au fond d'une assiette, y déposer des tranches de pain de mie et enfermer le tout dans un sac plastique transparent, type congélation ; au bout de quelques jours, des moisissures vont apparaitre sur le pain), levure de bière, farine, eau, 2 récipients en plastique par groupe d'élèves, et disposer d'une salle informatique.

Déroulement

1. Prévoir deux à trois aliments moisis par groupe de 4 à 6 élèves.

Qu'est-il arrivé à ces aliments ? L'enseignant apportera les mots de *moisi* ou de *moisissure* s'ils ne sont pas cités.

2. Proposer ensuite aux élèves de rechercher sur Internet des images de moisissures puis de moisissures vues au microscope. L'enseignant explique alors que les moisissures sont des êtres microscopiques qui vivent partout autour de nous et qu'on ne peut voir qu'au microscope. Ce sont des microbes.

Les élèves font l'exercice.

3. Ils répondent ensuite aux questions.

Les enfants lisent le texte du *Pour t'aider*, qui sera le support d'une discussion sur les microbes : que savent-ils des microbes ? quand parle-t-on des microbes ? En fonction du temps accordé à la séance :

– soit l'enseignant les informe qu'il existe plusieurs sortes de microbes dont les principaux sont les champignons, les bactéries et les virus ;

– soit ils font une recherche sur Internet à partir du mot *microbe*.

4. L'enseignant propose de faire une expérience : fabriquer du pain de deux façons différentes.

Certains groupes vont faire du pain avec de la farine et de l'eau ; d'autres groupes ajouteront un microbe qui se nomme *levure*.

(Réaliser cette expérience en fin de matinée, de façon à laisser la pâte lever durant l'heure du repas.)

En début d'après-midi, observer les résultats dans chaque groupe, constater que les groupes qui ont introduit la levure dans la préparation ont une pâte qui a gonflé alors que les autres pâtes sont restées plates. (Si possible faire cuire quelques pâtes des deux recettes et faire les comparaisons.)

L'enseignant montre alors deux pains cuits coupés en deux et fait observer qu'il y a des trous dans celui fait avec la levure. Conclure que la levure a permis de faire monter la pâte et d'aérer la mie du pain, de le rendre plus moelleux.

L'enseignant demande aux élèves de rechercher dans le dictionnaire la définition du mot *levure* afin de voir à quelle famille appartient ce microbe.

Une visite à la boulangerie peut clore cette expérience.

Corrigés

2.

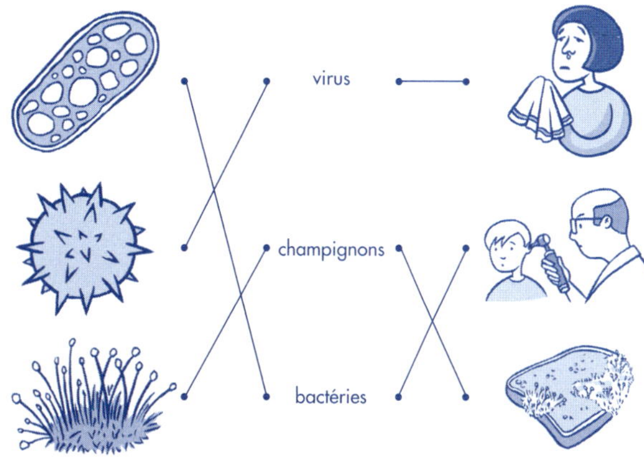

4. La levure est **un champignon** microscopique qui fait **monter** la pâte à **pain**. Elle rend le pain plus **moelleux**.

Conclusion

Certains **microbes** peuvent nous rendre **malades** mais d'autres sont nos **amis**. Par exemple, les **bactéries** présentes dans notre intestin nous aident à **digérer**, et la **levure** (qui est un champignon) nous permet de faire du **pain**, des yaourts, de la bière…

Fiches 30a et 30b
La conservation des aliments

Objectif

Les microbes sont présents un peu partout. Il est donc important pour une longue conservation des aliments qu'ils se développent dessus le plus lentement possible.

Cette fiche explique pourquoi il est nécessaire de garder les aliments au froid et elle visualise l'importance de la température dans la vitesse de multiplication des microbes.

Elle permet de constater qu'il existe un rapport direct entre le nombre de microbes dans un milieu et leur activité. Plus il y a de microbes et plus ils sont actifs :

– *positivement* dans le cas de la fermentation de la levure de bière, qui produit le CO_2 permettant à la pâte de lever lorsque l'on fabrique du pain ;

– *négativement* dans le cas des fermentations qui dégradent les aliments (exemple de la fermentation butyrique).

En début de séance, une discussion est engagée sur le principal outil utilisé à la maison pour conserver nos aliments frais.

Déroulement

1. Le moyen principal utilisé par l'homme pour conserver les aliments est le froid. Par exemple, dans réfrigérateur ou un congélateur. Les enfants relient le panier d'aliments frais au réfrigérateur et au congélateur.

Pour démontrer l'utilité du réfrigérateur et donc du froid dans la conservation des aliments, les élèves vont réaliser les expériences suivantes.

Avant de débuter ces expériences, bien rappeler que les microbes étant présents partout, il y en a sur les aliments.

2. Matériel : 2 tranches de pain enfermées dans un petit sac plastique (type sac congélation). En placer une sur une table, l'autre au frigo. Après quelques jours, cette expérience permet de constater que les moisissures se sont développées sur le pain, dans le sachet posé sur la table, à température ambiante. Montrer que les moisissures se sont développées à cause de l'humidité dans le sachet et de la température élevée de l'air ambiant. Constater que la tranche de pain placée dans le réfrigérateur est intacte. En déduire que le froid est nécessaire à la conservation des aliments.

3. Matériel : haricots blancs secs, eau, 3 petits pots en verre avec couvercle par groupe de 4 ou 5 élèves.

Percer chaque couvercle de 4 à 5 petits trous à l'aide par exemple de la pointe d'un compas.

Le premier tiers de chaque pot est rempli de haricots blancs. Les recouvrir d'eau.

Placer chaque pot aux températures indiquées sur la fiche.

Regarder et surtout sentir les résultats après 24 heures.

À 6 °C dans le réfrigérateur, rien ne se passe.

À 20 °C, il s'est formé comme une petite mousse et une odeur nauséabonde se dégage.

À 30 °C (sur ou près d'un radiateur ou au soleil), la quantité de mousse est plus importante et l'odeur plus forte.

Les enfants dessinent dans les cadres les résultats : quantité de mousse plus ou moins importante, avec au-dessus des traits courbes en plus ou moins grande quantité pour visualiser l'odeur.

Ces expériences vont permettre aux enfants de comprendre pourquoi la température a une influence sur la conservation des aliments.

Corrigés

1. Il faut relier le panier au congélateur et au réfrigérateur.

Conclusion

Plus la température est **élevée**, plus les aliments s'abîment, ce qui explique que l'on conserve les aliments au **réfrigérateur froid**.

Fiches 31a et 31b
Le recyclage des déchets

Objectif

Recycler durant une semaine ses déchets et calculer ensuite les économies réalisées pour la planète.

Matériel

Un pèse-personne, des sacs poubelle de 100 litres, des cartons de déménagement.

Trois catégories de déchets vont être récupérés afin d'être ensuite recyclés.

Les bouteilles en verre, celles en plastique et les papiers et cartons.

D'autres tels que les briques en carton, les bidons de lessive et de produits ménagers, etc., pourraient aussi être recyclés, mais pour simplifier la séance il est préférable de s'arrêter à trois produits.

Déroulement

Durant une semaine, les élèves qui se seront proposés pour le faire, et en accord avec leurs parents, devront :
– soit compter le nombre de bouteilles en verre triées chez eux ;
– soit récupérer les bouteilles d'eau ou de soda et les apporter au fur et à mesure à l'école (prévoir un lieu pour les stocker) ;
– soit récupérer le papier (catalogues, prospectus et papiers divers propres).

Un élève ne gérera qu'un seul type de produit. Ceux qui s'occuperont des bouteilles en verre ne les apportent pas à l'école afin d'éviter tout accident.

Les bouteilles plastiques seront stockées dans des grands sacs poubelle de 100 litres au nom de chaque élève. De la même manière pour les papiers, mais dans un carton.

Au final, après une semaine, le volume peut être conséquent, mais il est important que les enfants aient cette vision pour qu'ils réalisent concrètement l'importance du recyclage.

1. Après une semaine de recyclage, le bilan est réalisé en remplissant le tableau. Les bouteilles stockées dans chaque sac sont comptées, le papier récupéré par chaque élève est pesé. Les totaux sont réalisés.

On prend connaissance du *Pour t'aider* :
– Avec 2 bouteilles en plastique on peut fabriquer 1 montre.
– Avec 3 bouteilles en verre on peut refabriquer 2 bouteilles en verre.
– Avec 1 kg de vieux papiers, on peut faire environ 1 kg de papier recyclé.

2. Les enfants découpent les vignettes qui sont au bas de la fiche et collent dans le cadre le nombre convenable. Par exemple, pour la montre, ils collent deux vignettes de 1 *bouteille en plastique* et ils collent à droite une vignette *montre*.

Fiches 32a et 32b
L'eau dans tous ses états

Objectif

Mettre en évidence les différents états de l'eau ainsi que la reversibilité du passage d'un état à l'autre.

Déroulement

1. Afficher au tableau les images suivantes après les avoir reproduites en grand format :

L'enseignant laisse les élèves les observer puis pose le problème : « Ces 6 illustrations ont un point commun, parlent du même sujet. Lequel ? »

Les enfants s'expriment, font des liens. Si nécessaire, les orienter en écrivant sous chacune des images le mot EAU. Un élève vient au tableau afin de matérialiser l'eau en la repassant en bleu.

Questionnement : En quoi l'eau est-elle différente dans ces trois situations ? Quand peut-on tenir l'eau dans sa main ? Quand elle est solide : les enfants donnent des exemples (neige, glaçon, grêlons).

L'enseignant montre aux élèves les trois logos suivants :

Un élève vient coller les logos sur les affiches leur correspondant. Puis faire réaliser le recto de la fiche.

On corrige et on complète la conclusion.

2. Ces expériences vont permettre de comprendre la réversibilité du passage d'un état à l'autre.

Matériel pour 2 enfants : 2 glaçons, un thermomètre, une coupelle (où on laissera fondre les glaçons).

Les élèves travaillent en binômes.

Distribuer les glaçons et demander dans quel état est l'eau : solide. Mais faire observer qu'il y a un peu d'eau à l'état liquide. Que s'est-il passé ? Pourquoi le glaçon fond-il ?

Expliquer comment utiliser le thermomètre et relever les températures mesurées par chaque binôme. Constater que la température à cet état est égale à 0 °C. En conclure que l'eau est solide en dessous de 0 °C.

On observe que les glaçons continuent à fondre. Noter la température ambiante indiquée par le thermomètre : elle est bien au-dessus de 0 °C. Que faut-il pour que les glaçons fondent plus vite ? Chacun donne sa proposition ; retenir ou proposer de serrer l'un des glaçons dans la main (prendre auparavant la température dans la main fermée et la noter) et de laisser l'autre fondre à température ambiante. On constate que celui qui est dans la main fond plus vite. (La main serrant le glaçon sera tenue au-dessus de la coupelle.) On en conclut que pour faire fondre la glace il faut apporter de la chaleur et que l'état de l'eau dépend de la température.

Compléter la fiche.

3. Alors que faut-il faire pour que l'eau soit à l'état de gaz ? Rechercher des images de vapeur sur Internet. Des images de casseroles sur une cuisinière apparaîtront parmi d'autres. (Si vous avez une plaque électrique, faites-vous-même l'expérience.) Il faut donc faire monter la température. Faire remarquer que l'eau à l'état de gaz est invisible et n'a pas d'odeur. Mais alors que voit-on au-dessus de la casserole ? Ce sont des gouttelettes d'eau liquide qui se sont formées car la température est moins chaude que dans la casserole et donc l'eau repasse de l'état gazeux à l'état liquide.

Les élèves complètent le dessin par des flammes, des bulles, un nuage de vapeur et écrivent les légendes : *flammes, eau liquide, vapeur d'eau.*

Corrigés

1.

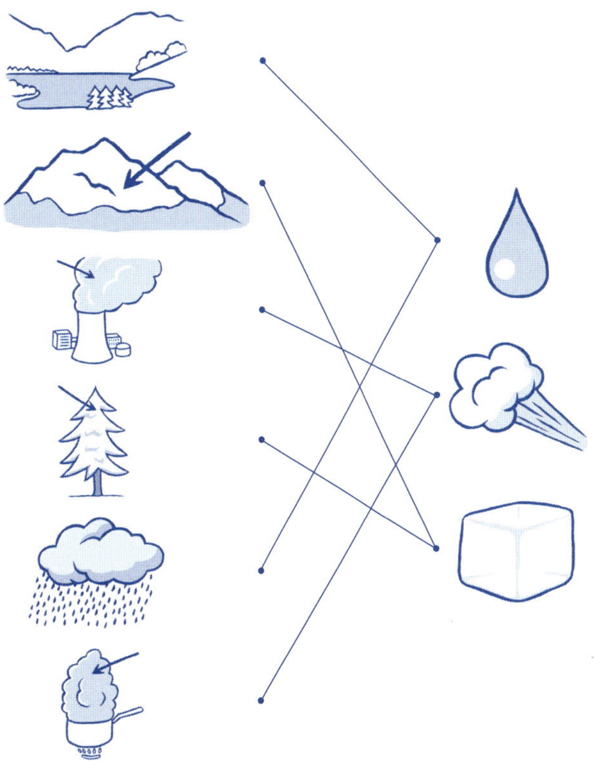

Il existe 3 états de l'eau : **solide, liquide, gazeux.**

Conclusion

Si on fait varier la **température**, on peut faire changer les **états** de l'eau. En dessous de 0 degré, l'eau est à l'état **solide**, c'est de la glace. Au-dessus de cette température, l'eau est à l'état **liquide**. À 100 degrés, l'eau bout, il y a de grosses **bulles** et l'eau qui sort de la casserole est à l'état **gazeux**.

Fiches 33a et 33b
Solide ou liquide ?

OBJECTIF

Observer différents objets et préciser s'ils sont solides ou liquides. Déterminer ce qui caractérise les solides et les liquides.

MATÉRIEL

Une série d'objets identiques par groupes de 4 à 6 enfants : récipients de tailles et formes variées, tels que verres en plastique transparent (un par produit proposé en étude), bols transparents, assiettes ; liquides tels que eau, huile, lait, jus de fruit, encre, sirop, shampoing ; solides tels que sucre en poudre, semoule, riz, cailloux, sel, pâte à modeler, légos, coton, petits morceaux de bois… ; du papier absorbant.

1. Les élèves sont répartis par groupes qui disposent tous du même matériel.

Ils nomment et décrivent ce qui se trouve devant eux.

Puis on leur propose la consigne suivante : Vous allez remplir les verres avec chacun des produits qui sont sur la table et ensuite vous les organiserez en groupes. (Laissez les enfants choisir leurs propres critères puis comparer les résultats, chaque groupe expliquant sa démarche.)

Éliminer certains critères afin d'arriver à ceux qui nous intéressent : c'est dur, c'est mou, c'est liquide.

Proposer alors aux élèves de séparer les solides et les liquides : faire remplir le recto de la fiche sans intervenir. Puis passer à une seconde phase pour déterminer les caractéristiques de chaque famille. (À la fin des expériences, on reviendra en faire la correction.)

2. Prendre deux éléments de chaque groupe : 1 verre avec de l'huile et 1 verre contenant de l'eau, 1 avec du riz et 1 avec du sucre, 1 avec des légos et 1 avec des cailloux. Observer la surface de chacun des verres pour arriver à définir une partie de ce qui caractérise solide et liquide : la surface des liquides reste horizontale, contrairement à celle des solides.

Demander aux élèves de les transvaser dans des récipients de formes différentes : bols, assiettes.

Ils constatent que l'eau et l'huile changent de forme en prenant celle du récipient qui les contient. Leur surface est horizontale.

Pour les solides, ils ne se déforment pas dans le récipient et leur surface reste la même.

Conclusion : les liquides prennent la forme du récipient qui les contient, les solides non.

Enfin, demander aux élèves de tenir le riz, les légos puis l'eau dans leurs mains et d'en tirer la conclusion que les solides peuvent être tenus dans la main alors que les liquides vont s'écouler.

Compléter le verso de la fiche.

CORRIGÉS

1. Dans l'ordre : solide, solide, liquide, solide, liquide, solide, liquide, solide, solide.

Conclusion

Un liquide **prend** la forme du récipient qui le contient et sa surface est **horizontale**. Il s'écoule et ne peut pas être tenu dans la main.

Un solide **ne prend pas** la forme du récipient et sa surface est identique à celle de départ. Il ne change pas de forme, il ne s'écoule pas et peut être tenu dans la main.

Fiches 34a et 34b
L'air

OBJECTIF

Au travers de différentes expériences, mettre en évidence la matérialité de l'air.

MATÉRIEL

Bouteilles en plastique, entonnoirs, pâte à modeler, ballons de baudruche, verres et récipients en plastique, paille.

DÉROULEMENT

1. L'enseignant distribue aux enfants des bouteilles en plastique vides.

Il demande à chacun : Qu'y avait-il dans ta bouteille ? Et maintenant, qu'y a-t-il ?

2. Proposer la première expérience pour mettre en évidence que ces bouteilles ne sont pas vides.

Lorsqu'on appuie dessus, on sent de l'air qui nous arrive sur le visage. « On fait du vent en appuyant. » Donc on ne voit rien dans la bouteille et pourtant elle est remplie d'air.

On peut en conclure que la bouteille n'est pas vide. Il y a de l'air à l'intérieur. Ce dernier est transparent.

L'expérience suivante permet de matérialiser cet air invisible. On prend une seconde bouteille et on fixe un ballon sur son goulot. Lorsque l'on appuie sur la bouteille, l'air s'échappe par le goulot et fait gonfler le ballon.

3. Dans la première expérience, l'air empêche l'eau d'entrer dans le verre.

Dans la deuxième, l'eau empêche l'air d'entrer dans le verre.

Dans la troisième, l'eau sort du verre, car l'air soufflé par la paille remonte dans le verre et repousse l'eau (l'air étant plus léger, il remonte dans le verre et, se retrouvant bloqué en haut, chasse l'eau).

Toutes ces expériences permettent de montrer que nous sommes entourés d'air qui est de la matière.

Corrigés

2. a. Le ballon fixé sur le goulot est dégonflé.

b. Le ballon fixé sur le goulot est gonflé.

Conclusion (34a)

La bouteille n'est pas **vide**. Il y a de **l'air** à l'intérieur. Il est **entré dans le ballon, qui s'est gonflé**.

Conclusion (34b)

Dans ces expériences, l'air **chasse** l'eau. Donc, même s'il est invisible, l'air est de la **matière**.

Fiches 35a et 35b Évaluation

1. a. Dessiner 6 pattes. Je suis un insecte. **b.** Dessiner de nombreuses pattes. Je suis un mille-pattes. **c.** Dessiner 8 pattes. Je suis une araignée.

2. L'herbe est mangée par **la gazelle** qui est mangée par **le chacal** qui est mangé par **la lionne**.

3.

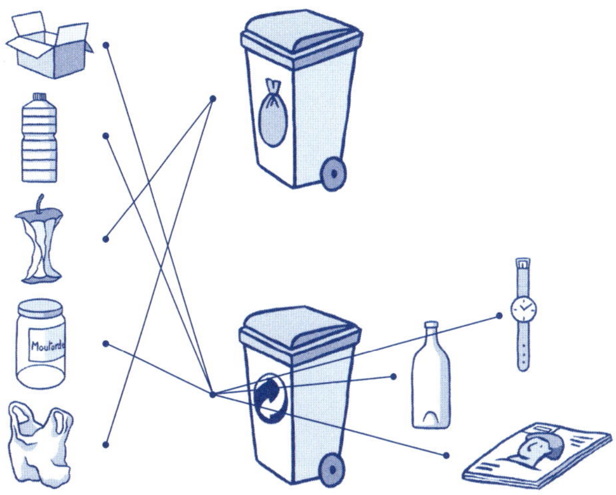

4.

Nom : ....

Date : ....

- *Apprendre à faire la différence entre ce qui est vivant et ce qui est non vivant.*

Le vivant et le non-vivant

❶ Avec tes camarades, observe ce qui est sur la table et essaie de constituer deux ensembles : celui des vivants et celui des non-vivants.

❷ • Puis, tous ensemble, découpez les images correspondantes et collez-les dans ce tableau. Complétez-le :

Image	Nom	Vivant	Non-vivant	Parce que...
	....			
	....			
	....			
	....			
	....			
	....			
	....			

• Utilisez la rubrique *Pour t'aider* (fiche 1b) afin de corriger ou compléter vos réponses si cela est nécessaire.
Enfin, comparez vos résultats avec ceux des autres groupes.

Conclusion

Les êtres .... se ...., ..., ...

et peuvent se .... (faire des ....), ce que ne peut pas faire

ce qui est ....

Les êtres vivants sont les .... et les ....

Nom : ....

Date : ....

Pour t'aider

La respiration

Pour vivre, les plantes, les animaux et les hommes doivent respirer. C'est-à-dire qu'ils prennent un gaz et en rejettent un autre.

La nutrition

Les êtres vivants ont besoin de se nourrir : manger de la nourriture et boire. Pour cela, chaque être vivant cherche sa nourriture dans le milieu où il se trouve en utilisant divers moyens : les racines pour les plantes, les toiles pour les araignées, la main pour les hommes…

La reproduction

Les êtres vivants peuvent se reproduire. Ils peuvent faire des petits.

La croissance

Les êtres vivants grandissent et se transforment.

Pour aller plus loin

Entoure en bleu les êtres vivants et en rouge les non-vivants.

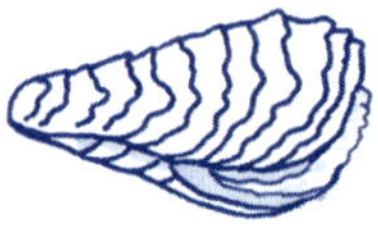

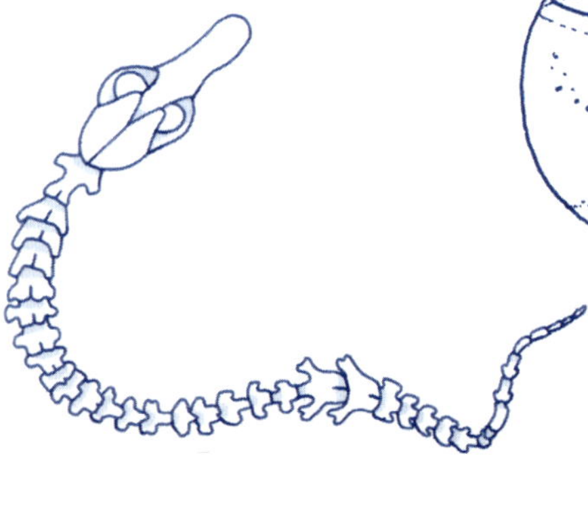

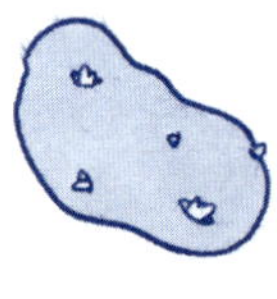

Nom : ....

Date : ....

• *Apprendre à reconnaître différentes feuilles d'arbre.*

Les différents types de feuilles d'arbre

Pour t'aider

Feuille simple

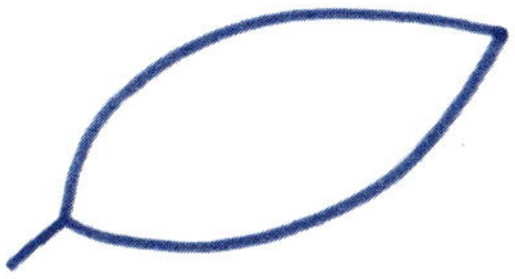

Feuille composée

Feuille à nervures pennées

Feuille à nervures palmées

Feuille lobée à lobes en forme de vagues

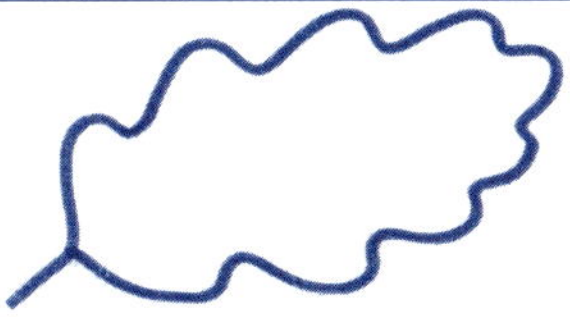

Feuille lobée à lobes de forme plus ou moins triangulaire

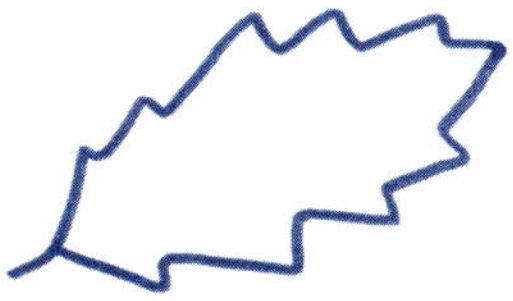

Feuille aux bords dentelés

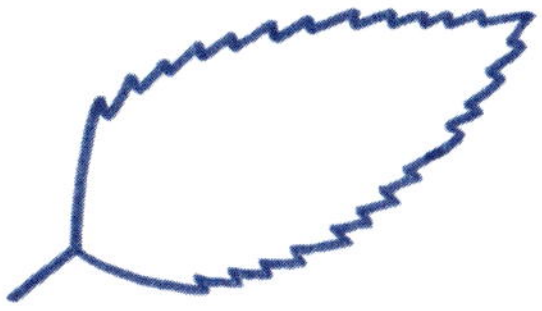

À l'aide de la partie *Pour t'aider*, retrouve la feuille qui correspond à chaque description ci-dessous. Colle-la dans la case qui convient. Si la case est trop petite, dessine la feuille.

FEUILLE DE CHÊNE

– feuille simple,

– nervures pennées,

– lobes en forme de vagues.

Nom : ....

Date : ....

FEUILLE D'ÉRABLE
- feuille simple,
- nervures palmées,
- lobes plus ou moins triangulaires.

FEUILLE DE HÊTRE
- feuille simple,
- nervures pennées,
- bords ondulés,
- si tu lisses le bord de ma feuille, tu peux observer de nombreux petits « poils ».

FEUILLE DE FRÊNE
- feuille composée,
- nervures pennées.

FEUILLE DE CHARME
- feuille simple,
- nervures pennées,
- bords dentelés.

Nom : ....

Date : ....

• *Apprendre à reconnaître les différents arbres que tu peux voir dans une forêt.*

La forêt (1) : les arbres

❶ Dans une forêt, on trouve avant tout des ....
Toutes les forêts ne se ressemblent pas. Découvre la tienne.

• Récolte des feuilles et des fruits de différents arbres que tu rencontres lors de ta promenade en forêt.

• Prends l'empreinte des écorces des arbres avec une feuille blanche et un fusain.

❷ **Voici différents arbres. Barre le nom de ceux que tu ne rencontres jamais dans une forêt. Colorie ceux que tu penses avoir rencontrés durant ta promenade.**

Le chêne

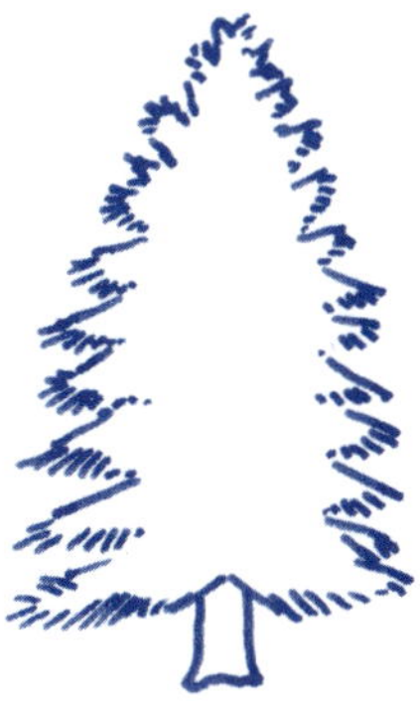

Le sapin

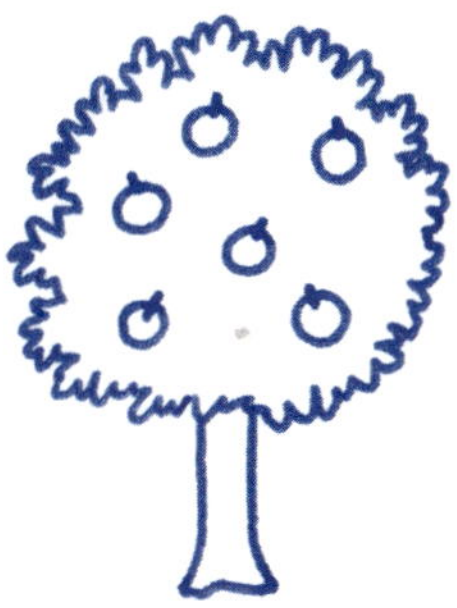

Le pommier

Le hêtre

Le charme

Le bouleau

Le pin

Le châtaignier

Cette forêt est composée essentiellement de ....

C'est donc une ....

Nom : ....

Date : ....

Pour t'aider

Complète ce tableau en dessinant ce qui manque.

Aide-toi de tes récoltes et des informations suivantes :

- **L'ensemble des feuilles** d'un arbre s'appelle **le feuillage.**
- Un arbre qui **perd ses feuilles** en automne a un **feuillage caduc.**
- Un arbre qui **ne perd pas ses feuilles** en automne a un **feuillage persistant.**

Nom	Feuillage	Fruit	Tronc
 Le chêne	caduc		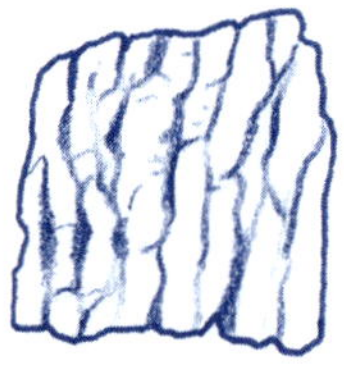
 Le hêtre	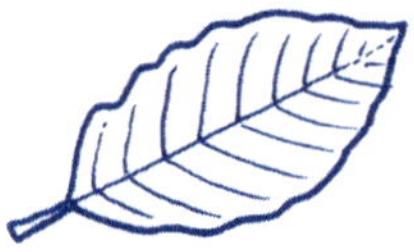		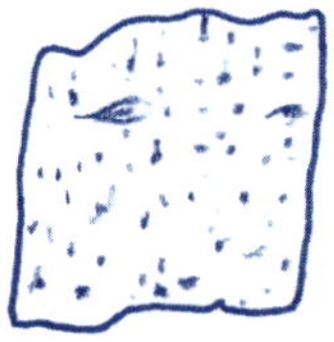
 Le sapin	persistant		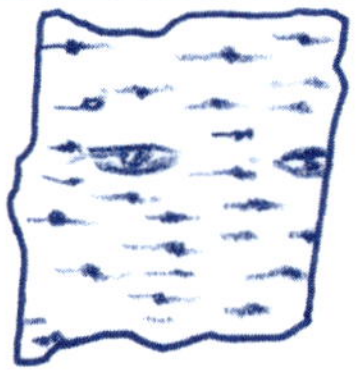
 Le charme	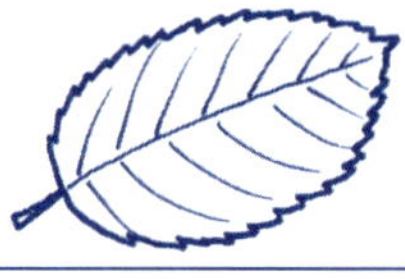		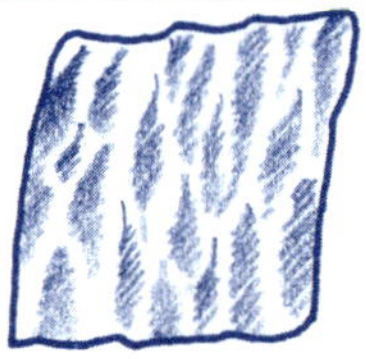
 Le pin	....		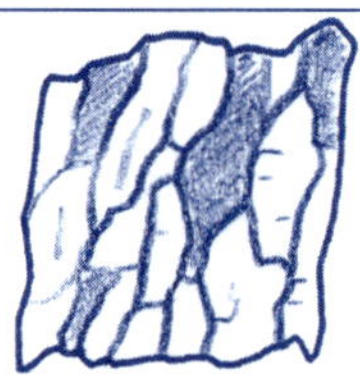
 Le châtaignier			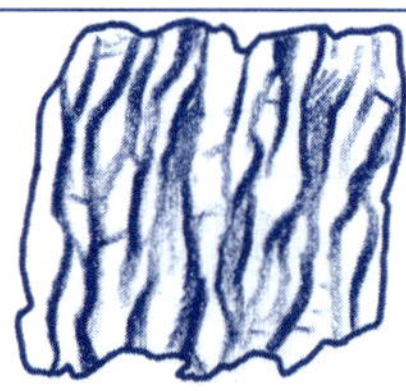
 Le bouleau			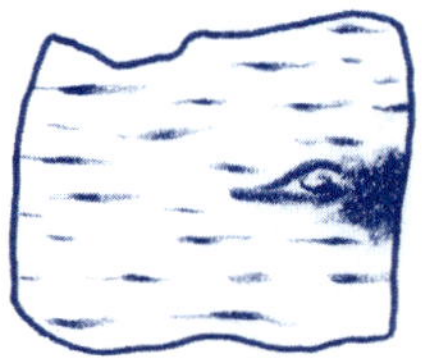

Nom : ....

Date : ....

- *Apprendre à reconnaître les végétaux qui vivent au pied des arbres dans la forêt.*

Fiche 4a

La forêt (2) : des végétaux autres que les arbres

❶ Durant ta promenade, tu as récolté différents végétaux qui couvrent le sol de la forêt. **Trie et élimine ce qui vient des arbres.**

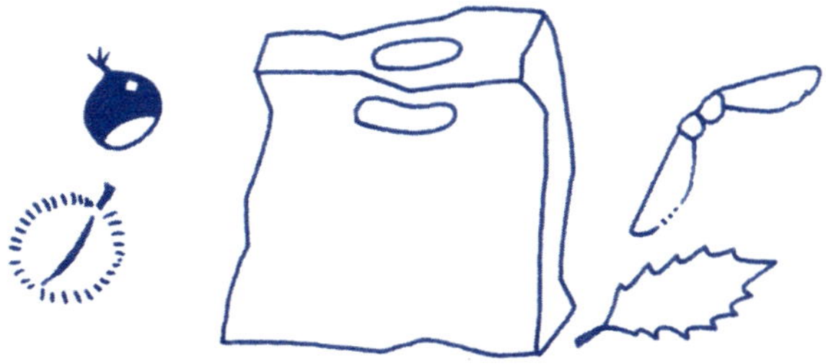

❷ **Compare ta récolte avec ces dessins. Barre ce que tu ne peux pas trouver dans la forêt. Colorie les dessins des végétaux que tu as récoltés.**

La mousse

La salade

Le champignon

La fougère

L'herbe

Le lierre

La jacinthe sauvage

Le muguet

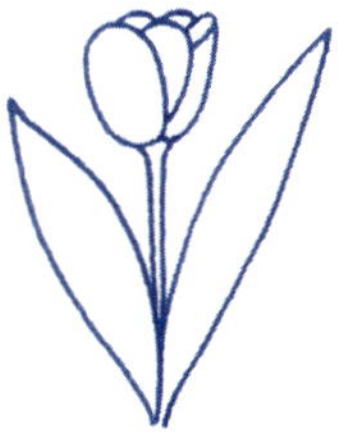
La tulipe

La jonquille

La ronce

Le fraisier sauvage

❸ En forêt, toutes les plantes ne poussent pas au même endroit.
Souviens-toi de ce que préfèrent ces plantes et coche les bonnes cases.

	Champignon	Fougère	Jonquille	Mousse
Soleil				
Ombre				
Humidité				

Nom : ....

Date : ....

❹ Reprends une par une tes récoltes (celles étudiées en fiches 3a et 4a). Illustre-les par un dessin ou une image, écris leur nom et donne quelques informations à leur sujet. Pour les arbres, colle les empreintes des écorces.

Nom :

....

....

Informations :

....

....

....

....

....

....

....

Nom : ....

Date : ....

- *Répertorier les principaux animaux qui vivent dans la forêt et comment ils y vivent.*

La forêt (3) : les animaux

❶ • Lors de ta promenade en forêt, observe les animaux que tu rencontres et essaie de récolter des éléments appartenant aux animaux.

• Parmi les animaux ci-dessous, barre ceux que tu ne peux pas rencontrer en forêt. Colorie ceux que tu as rencontrés.
Pourquoi ne voit-on presque jamais les autres ? ....

....

Ce sont des animaux : domestiques | sauvages

Le cerf

La vache

Le sanglier

La fourmi

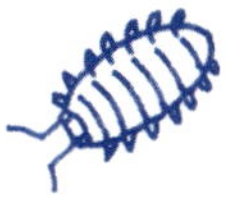

Le cloporte

Le renard

L'araignée

Le lion

Le ver de terre

L'écureuil

Le scarabée

Le lapin

Le hibou

Le mulot

Le pivert

Le hérisson

Nom : ....

Date : ....

❷ Où se cachent-ils ? Relie l'animal à sa cachette.

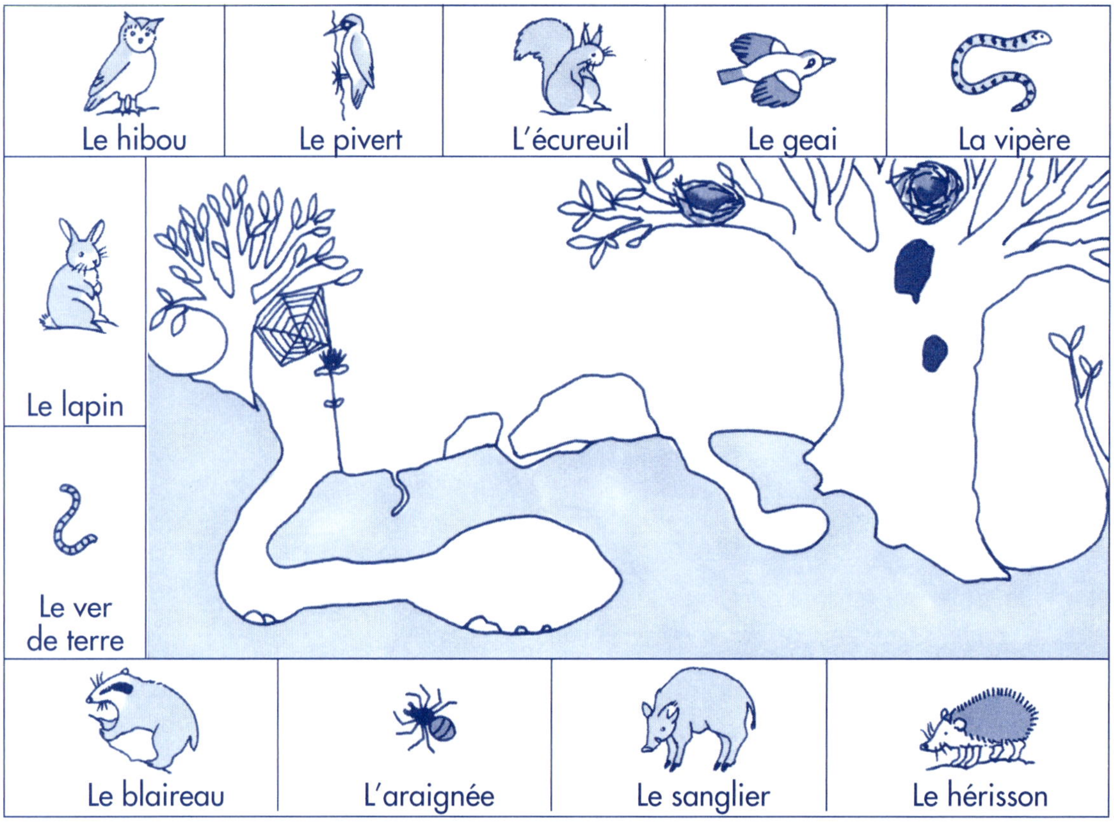

❸ Que dois-tu faire pour avoir une chance d'observer une biche ou un écureuil ? Entoure les bonnes conduites en vert.

Nom : ....

Date : ....

• *Apprendre à reconnaître les traces d'animaux dans la nature puis en faire un moulage.*

Étudier les traces d'animaux

Voici différentes empreintes d'animaux que tu peux observer dans la nature.
Entoure celles que tu as rencontrées lors de ta promenade.
Colorie les dessins qui correspondent à des animaux sauvages.

Blaireau

Cheval

Cerf

Lapin

Biche

Sanglier

Vache

Écureuil

Chevreuil

Renard

Chat

Chien

Nom : ....

Date : ....

Pour t'aider

Réaliser un moulage d'empreinte

Matériel : plâtre, eau, récipient pour préparer le plâtre, huile de table, pinceau, boîte à camembert en bois, sel fin et cuillère.

Réalisation du moulage

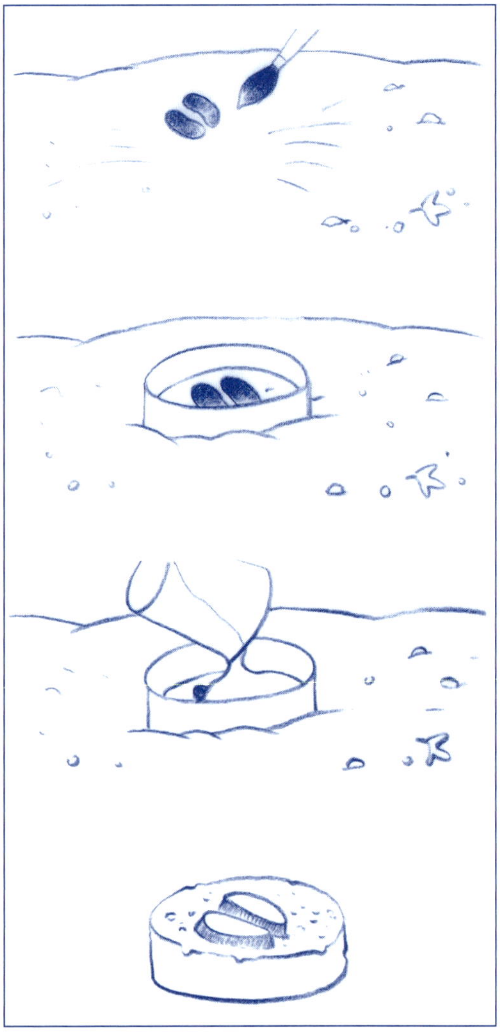

- Nettoyer le pourtour de l'empreinte (enlever feuilles, cailloux, herbes…).
- La badigeonner d'huile. (Attention à ce qu'elle ne s'accumule pas dans les creux.)
- Placer le pourtour en bois de votre boîte à camembert autour de l'empreinte. L'enfoncer légèrement en tournant afin que le plâtre ne puisse pas s'échapper par-dessous.
- Préparer le plâtre. Ajouter une grosse pincée de sel fin pour que la prise soit plus rapide.
- Couler le plâtre. En 15 à 30 minutes, il va prendre. Il est préférable, si vous le pouvez, d'attendre une heure.
- Démouler en décollant l'ensemble du sol. Lorsque le plâtre est sec, après quelques jours, enlever du moulage la terre qui y adhère.

Réalisation d'un contre-moulage

Il permet d'obtenir un moulage de ce qui a réellement été observé lors de la sortie.

- Placer le moule dans un cadre plus grand (boîte à fromage plus grande).
- Le badigeonner d'huile, puis procéder comme pour le moulage précédent.
- Ensuite peindre l'empreinte afin qu'elle soit plus réaliste.

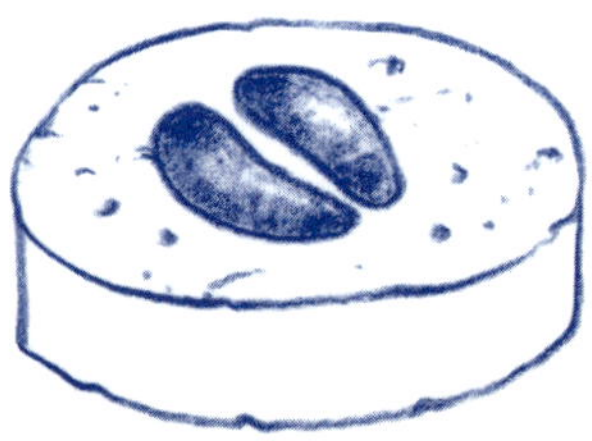

Nom : ....

Date : ....

• *Observer les êtres vivants, animaux et végétaux, typiques d'une mare.*

Découverte d'un milieu : la mare

❶ • Dessine sur le schéma ci-dessous les végétaux que tu observes dans et autour de la mare.

• Colorie en vert les végétaux typiques de la mare (voir *Pour t'aider* fiche 7b).

❷ Réalise une pêche (voir *Pour t'aider* fiche 7b). Colorie les animaux que tu as pu pêcher.

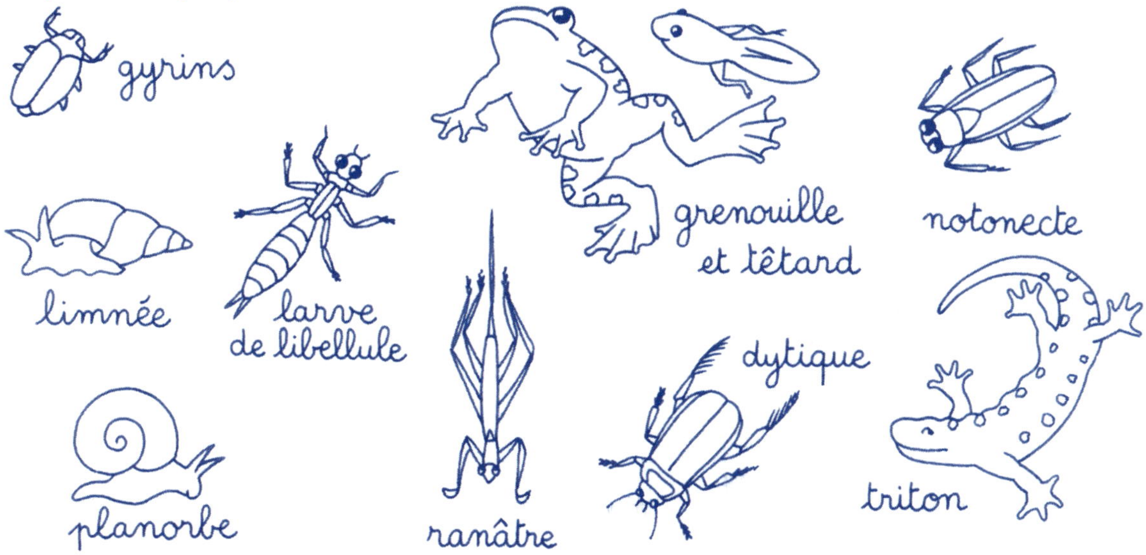

Conclusion

Plus tu trouves un nombre varié d'animaux et de végétaux dans une mare, plus elle est propre.

Cette mare te semble-t-elle plutôt propre ou polluée ?

....

Nom : ....

Date : ....

Pour t'aider

• Les végétaux de la mare

Voici quelques végétaux typiques des mares et des lieux humides.

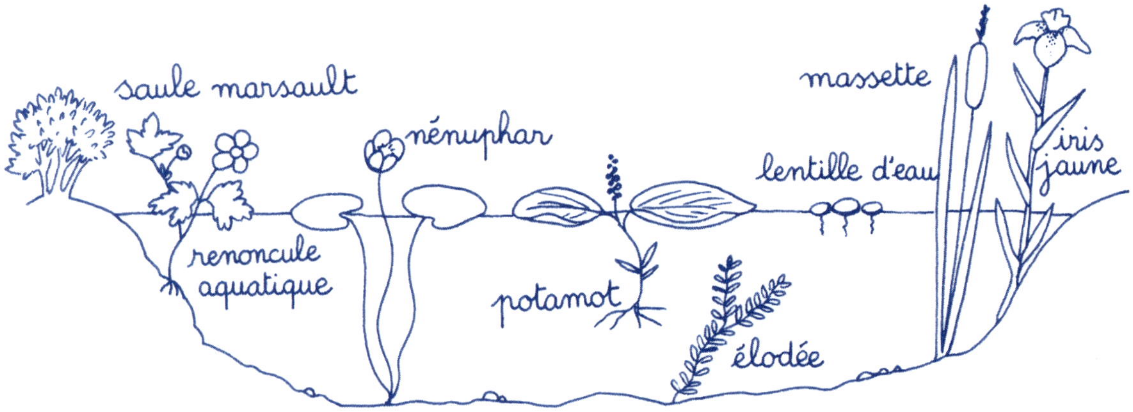

• Pêcher dans une mare

Matériel :

– Un troubleau (sorte d'épuisette dont le filet très fin retient les petits insectes).
– Des cuvettes pour trier les animaux.
– Des bocaux étiquetés préparés en classe (sur chaque étiquette est représenté l'animal que l'on peut trouver).
– Une grosse cuillère pour prélever les animaux.
– Une loupe.

Comment pêcher ?

- Ne pas faire de bruit, ne pas se précipiter.
- Plonger le troubleau en raclant légèrement le fond de la mare.
- Relever le troubleau et attendre que l'eau s'écoule.
- Recueillir les animaux à l'aide de la cuillère puis vider doucement dans la mare ce qui reste dans le troubleau.
- Déposer les animaux dans une cuvette.
- Les observer à l'aide de la loupe.
- Verser chaque animal dans le bocal qui lui correspond.

Nom : ....

Date : ....

• *Observer une plume et réaliser des expériences simples pour mieux comprendre sa structure.*

La plume

1 • Souffle sur ta plume, en mettant un doigt juste derrière.

Ton doigt sent-il le souffle ?

....

• Entoure la bonne réponse.

Donc la plume *laisse* / *ne laisse pas* passer l'air.

2 • Verse doucement de l'eau sur la plume.

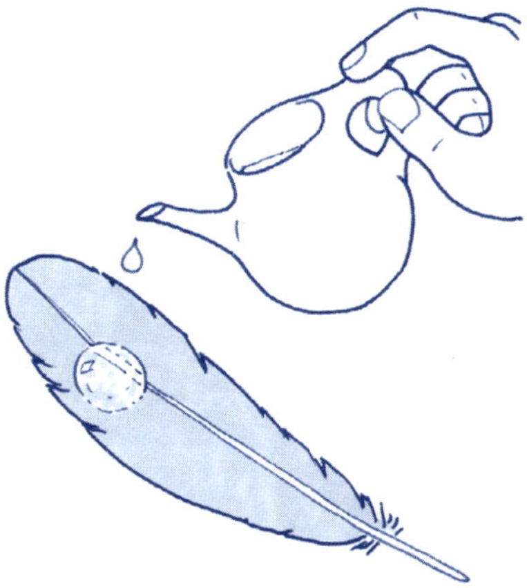

Que se passe-t-il ?

....

• Entoure la bonne réponse.

Donc la plume *laisse* / *ne laisse pas* passer l'eau.

3 Ta plume est-elle lourde ou légère ? ....

Conclusion

Donc une plume ne laisse pas passer ...., ni ...., de plus elle est ....

Tu vas maintenant observer comment est faite une plume pour mieux comprendre les résultats que tu as observés lors de ces trois expériences.

Nom : ....

Date : ....

❹ • À l'aide d'une loupe, observe sur ta plume la zone qui est encadrée et dessine-la.

• Légende ton dessin en utilisant les mots soulignés dans le texte ci-dessous.
La tige centrale s'appelle l'axe de la plume. Des barbes sont reliés à cet axe. Sur ces barbes, on voit de minuscules poils, les barbules.

❺ Tire doucement sur deux barbes de ta plume, puis essaye de les réunir à nouveau en lissant la plume.

Ta plume reprend-elle son aspect de départ ? ....

Pour comprendre ce qui se passe dans ta plume, observe des morceaux de Velcro à l'aide d'une loupe et dessine ce système d'attache.

Quelle partie de la plume possède ce même système d'attache ? **Entoure la bonne réponse :**

- l'axe de la plume,
- les barbes,
- les barbules.

Cela rend-il la plume plus étanche ou moins étanche* ? ....

❻ Observe une plume dont l'axe a été coupé à la base.

Cet axe est-il creux ou plein ? ....

Cela rend-il la plume plus lourde ou plus légère ? ....

Conclusion

Une plume est étanche car : ....

....

Une plume est légère car : ....

....

* ***Étanche :*** *qui ne laisse passer ni l'eau, ni l'air.*

Nom : ....

Date : ....

• *Constater que la plume est une structure bien adaptée pour le vol.*

La plume et le vol

❶ a) Prends ta plume et évente-toi avec.

b) Sépare le plus possible les barbes de ta plume comme sur le dessin et évente-toi à nouveau avec.

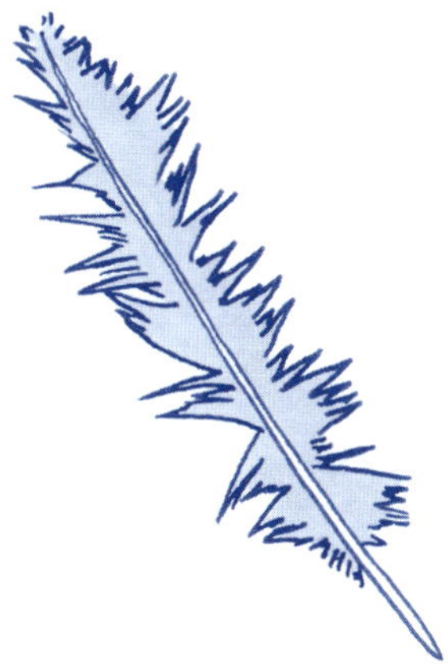

c) Dessine la plume qui te semble la plus efficace pour voler.

❷ En t'aidant de la conclusion de la fiche n° 8, rappelle quelles sont les deux caractéristiques d'une plume :

– ....

– ....

Nom : ....

Date : ....

❸ • Découpe deux ailes dans des feuilles de carton, en respectant le dessin ci-contre.

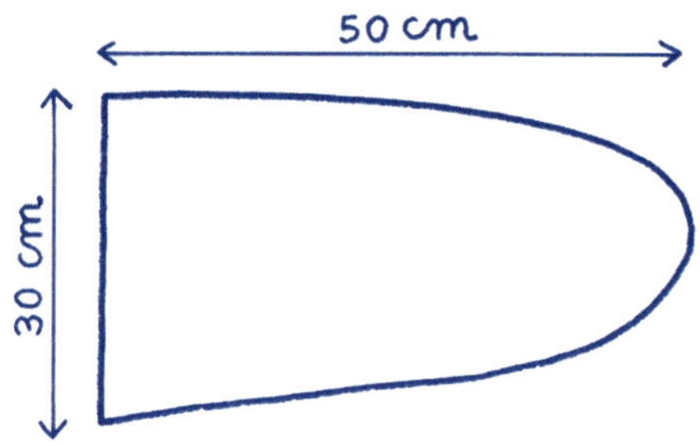

• Puis, sur une des deux ailes, taille des encoches.

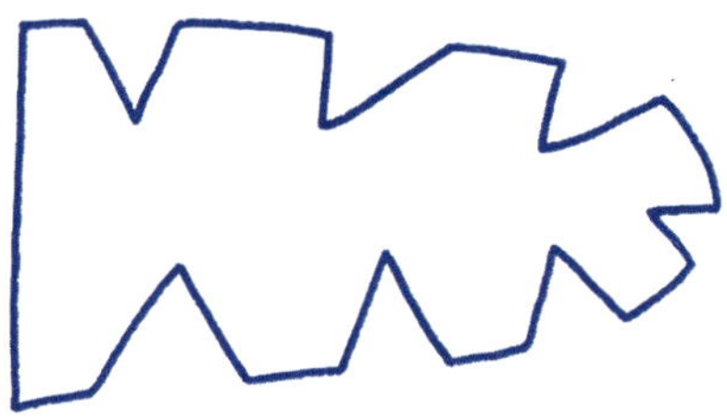

• Prends une aile dans chaque main et agite les bras de bas en haut.
Quelle est l'aile qui semble « s'appuyer » le plus sur l'air ?

....

Donc, quelle est l'aile qui te semble la plus efficace pour voler ?

....

❹ Prends ton aile en carton dans une main et une aile en bois dans l'autre.
Agite tes bras de bas en haut.
Quelle est l'aile qui te semble la plus efficace pour voler ?

....

Pourquoi ? ....

CONCLUSION

En utilisant les informations de l'ensemble de la fiche, précise les deux raisons qui font que la plume est une structure très efficace pour le vol.

1. ....

2. ....

Nom : ....

Date : ....

Évaluation

❶ Coche les bonnes réponses.

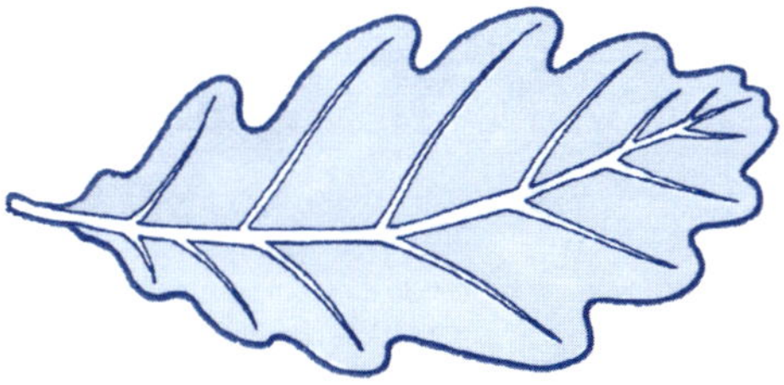

1. Je suis une feuille :
- ☐ simple.
- ☐ composée.

2. J'ai des nervures :
- ☐ pennées.
- ☐ palmées.

3. ☐ J'ai des lobes en forme de vagues.
☐ J'ai des lobes de forme plus ou moins triangulaire.

4. Je suis une feuille de :

☐ frêne.	☐ chêne.
☐ charme.	☐ hêtre.

❷ Attribue chaque empreinte à l'animal qui lui correspond.

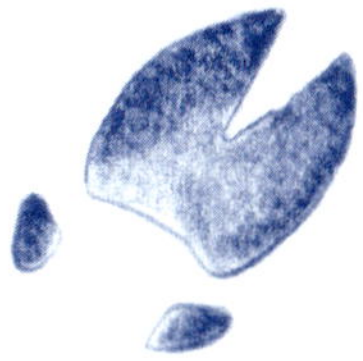 ● ● 

 ● ● 

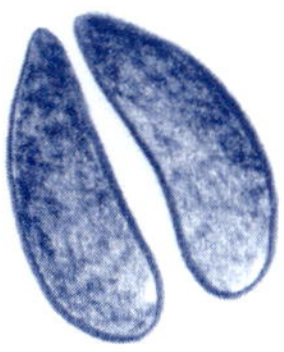 ● ● 

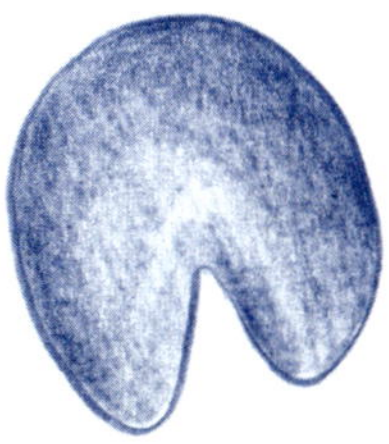 ● ● 

Nom : ....

Date : ....

③ Trace une flèche pour associer chaque animal et végétal au milieu dans lequel il vit.

Attention ! certains n'appartiennent à aucun des milieux représentés.

biche

écureuil

lion

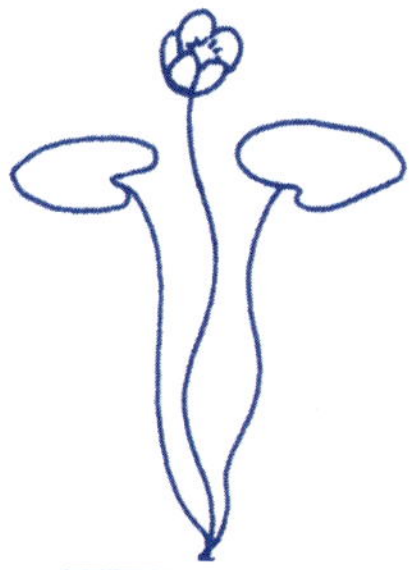
nénuphar

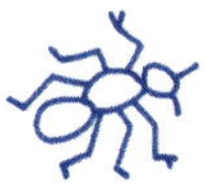
fourmi

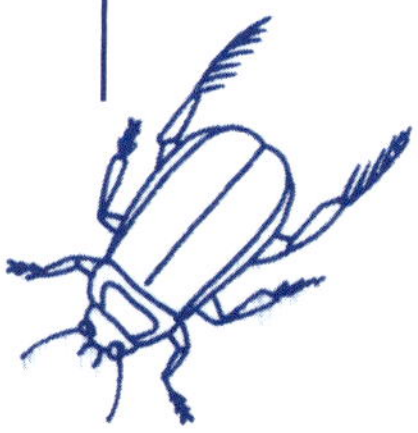
dytique

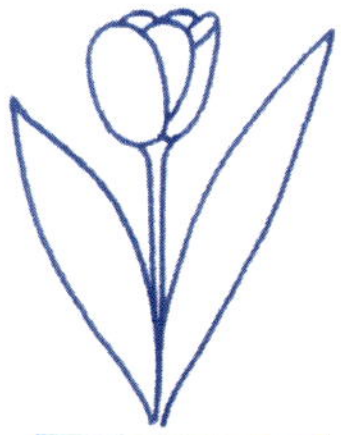
tulipe

vache

fougère

mousse

grenouille

Nom : ....

Date : ....

• *Découvrir tous les éléments qui composent les plantes en les observant très attentivement.*

Les différentes parties de la plante

❶ Observe bien la plante qui t'est proposée et schématise-la (voir *Pour t'aider* fiche 11b).

❷ • Observe les graines de radis qui ont germé.

Qu'est-ce que tu n'as pas observé en ❶ et que tu peux voir ici ?

....

• Complète le schéma en le rajoutant.

Nom : ....

Date : ....

Pour t'aider

Légender : c'est relier à l'aide d'une flèche un mot de vocabulaire à la partie d'un dessin ou d'un schéma qui lui correspond.

Exemple :

Un schéma : c'est un dessin simplifié de quelque chose qui est difficile à dessiner.

Exemple :

Dessin d'une maison

Schéma d'une maison

❸ Voici les mots de vocabulaire qui correspondent aux différentes parties de la plante.

TIGE	RACINE	FLEUR
FEUILLE	BOURGEON	

Utilise-les pour légender le schéma que tu as réalisé.
Si tu as oublié une partie de la plante, observe-la à nouveau et rajoute-la sur ton schéma.

Conclusion

La plante est fixée au sol par ses ....
Elle est constituée de .... qui portent des .... ,
des .... et des ....

Nom : ....

Date : ....

- *Observer puis prélever les différentes parties d'une fleur pour comprendre comment elle est faite.*

Observer une fleur

❶ Dessine la fleur que tu observes.

❷ • Enlève les différentes parties de la fleur en partant de l'extérieur et en allant vers l'intérieur.
• Scotche un élément de chaque partie de la fleur en face du dessin qui lui correspond.

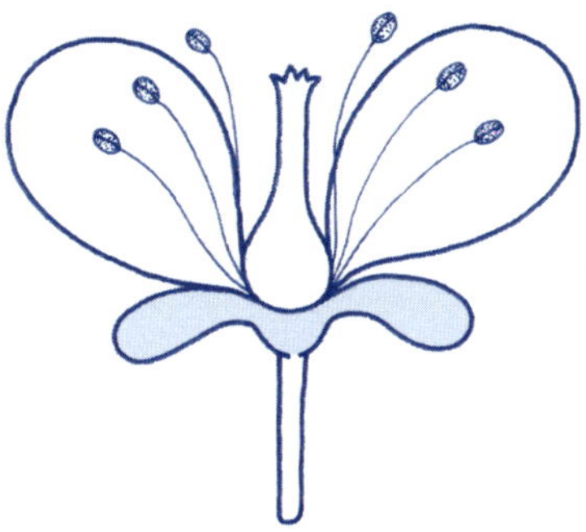

Sépales (feuilles vertes autour de la fleur)

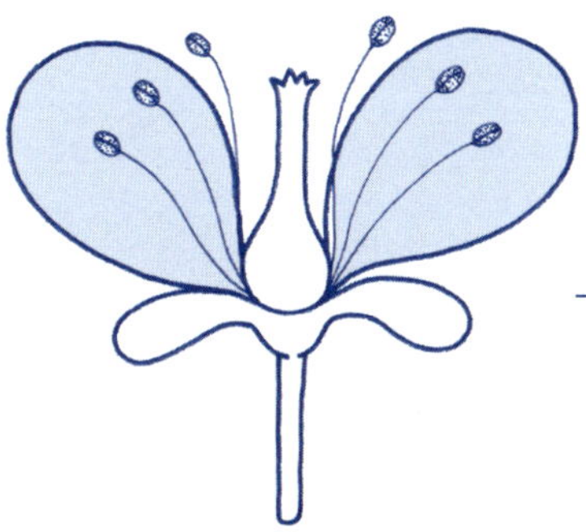

Pétales

Nom : ....

Date : ....

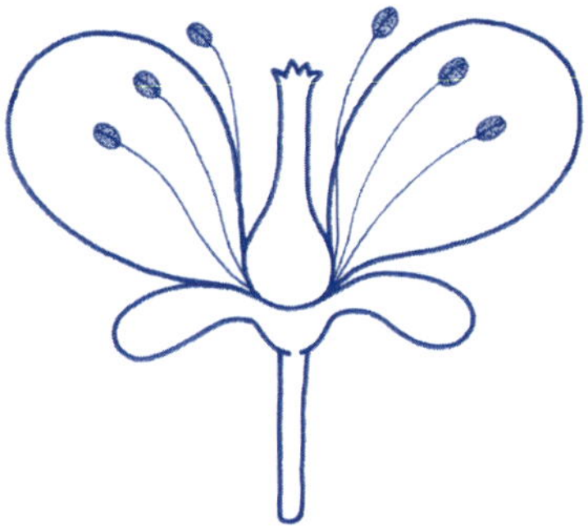

Étamines

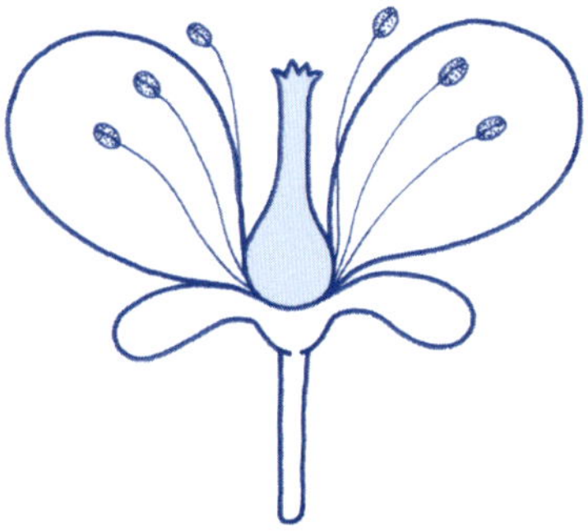

Pistil

Conclusion

• **Légende les différentes parties de la fleur.**

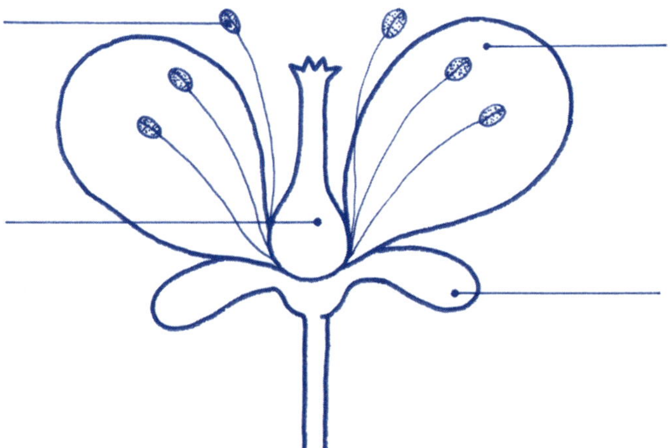

• **Puis légende le dessin que tu as réalisé en ❶.**

Nom : ....

Date : ....

- *Découvrir comment est faite une graine et à quoi sert chaque partie.*

Qu'est-ce qu'une graine ?

1 Comment est faite une graine à l'extérieur ?

- **Observe les graines qui te sont proposées. Dessine-les.**

Graine de	Graine de	Graine de ....

- **Que remarques-tu ?**

Leurs différences : ....

....

Leurs points communs : ....

....

- **Indique sur tes dessins le nom de ces points communs.**

2 Qu'y a-t-il dans la graine du haricot ?

- **Prends une graine qui a trempé dans l'eau, coupe-la en deux avec ton ongle en appuyant sur le point d'attache (comme dans l'exemple ci-contre).**

- **Ouvre la graine en deux et dessine ce que tu observes. Légende ton dessin en t'aidant de la rubrique *Pour t'aider* de la fiche 13b.**

Nom : ....

Date : ....

POUR T'AIDER

Voici une graine de haricot coupée en deux :

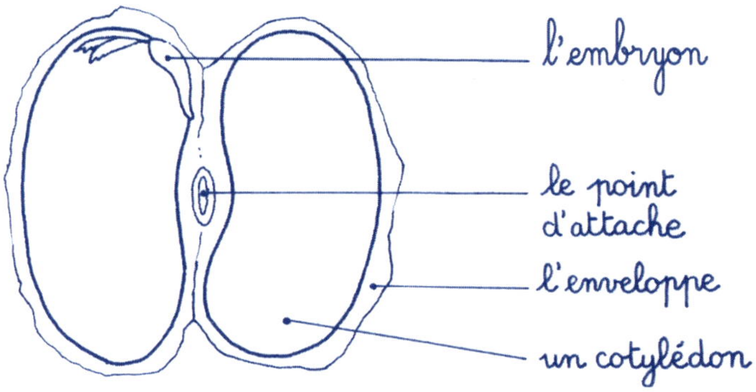

Elle est formée :

- d'une enveloppe qui sert à protéger l'intérieur de la graine ;
- de l'embryon qui va se développer pour donner une plante, si on apporte de l'eau et de la chaleur à la graine ;
- de deux cotylédons qui servent de réserve de nourriture et vont se transformer en feuilles lors de la germination.

❸ Les différentes parties de la graine de haricot.

Prends une autre graine de haricot et sépare les trois parties qui la constituent. Fixe-les avec du papier collant dans le tableau suivant, puis écris leurs noms au-dessous.

....	....	....

CONCLUSION

Les .... contiennent un .... ,
deux .... qui sont les réserves de .... ,
et une .... qui protège le tout et où l'on voit la cicatrice
du .... d' .... de la graine dans le fruit.

Nom : ....

Date : ....

- *Observer et suivre les étapes de la germination d'une graine.*

Le développement d'une graine de haricot

1 Comment une graine de haricot se transforme-t-elle en une plante ?
Pour le découvrir, réalise cette expérience et observe ce qui se passe.

Fixe une feuille de papier absorbant sur la paroi intérieure du pot avec du papier collant.

Remplis le pot avec de la terre. Attention ! ne mets pas de terre entre le papier et la paroi.

Place une graine entre le papier et la paroi. Enfonce légèrement une deuxième graine dans la terre, au centre du pot.

Arrose modérément. Le papier et la terre doivent toujours être légèrement humides.

2 **Dessine ce que tu vois chaque fois que tu observes quelque chose de nouveau. Indique la date. Pour comprendre ce qui se passe, tu peux utiliser la partie *Pour t'aider* de la fiche 14b.**

Le	Le	Le	Le ....
Le	Le	Le	Le ....

Nom : ....

Date : ....

Pour t'aider

❸ Retrouve l'ordre des étapes de la germination. Aide-toi de tes expériences et de la partie *Pour t'aider*.

Découpe les textes et colle-les sous les illustrations. Attention : ces textes ne sont pas dans l'ordre !

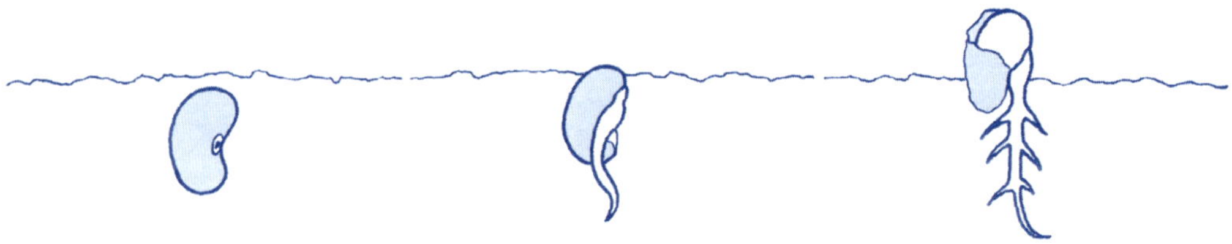

Les cotylédons tombent. La jeune plante continue à grandir en puisant sa nourriture par ses racines.	La graine gonfle, l'enveloppe se déchire et la radicule apparaît.	La graine contenant la plantule est mise en terre.
Les cotylédons apparaissent. L'enveloppe se déchire davantage.	La petite tige se redresse, les premières feuilles apparaissent entre les cotylédons. Le reste de l'enveloppe tombe.	Le jeune plant se développe. Les cotylédons qui servaient à le nourrir deviennent plus petits.

Nom : ....

Date : ....

• *Connaître quatre moyens de reproduction des végétaux.*

La multiplication des plantes

❶ Réalise les cultures suivantes et dessine les résultats obtenus après quelques semaines.

Résultat

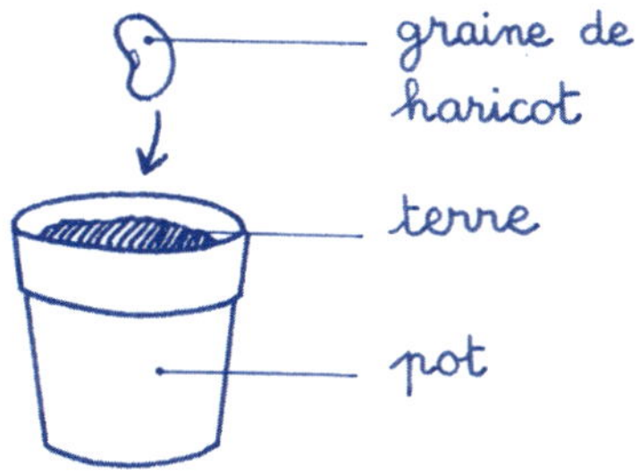

Haricot →

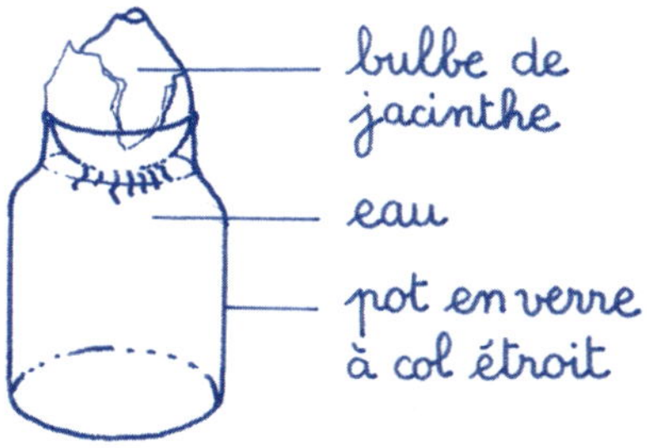

Jacinthe →

Pomme de terre →

Impatiens →

Nom : ....

Date : ....

Pour t'aider

Le principe de la multiplication par bouturage est le suivant :

– On coupe une portion de la tige du végétal que l'on désire bouturer.

– On la plante dans la terre ou on la dépose dans un verre.

– La tige forme alors des racines, et on obtient un nouveau végétal, sans qu'il y ait intervention d'une graine.

Si la plante est dans un verre, on peut la repiquer dans de la terre.

❷ Ouvre une graine de haricot.
Que contient-elle ?

....

❸ Ouvre un bulbe de jacinthe et un tubercule de pomme de terre.
Observes-tu la même chose que dans la graine de haricot ?

....

Est-ce que la jacinthe et la pomme de terre sont des graines ?

....

Conclusion

Quels sont les quatre moyens qui permettent d'obtenir une nouvelle plante ?

– ....

– ....

– ....

– ....

Nom : ....

Date : ....

- *À partir d'expériences, trouver le sens et le lieu de circulation de l'eau dans la plante.*

La circulation de l'eau dans la plante

❶ • Réalise l'expérience suivante.

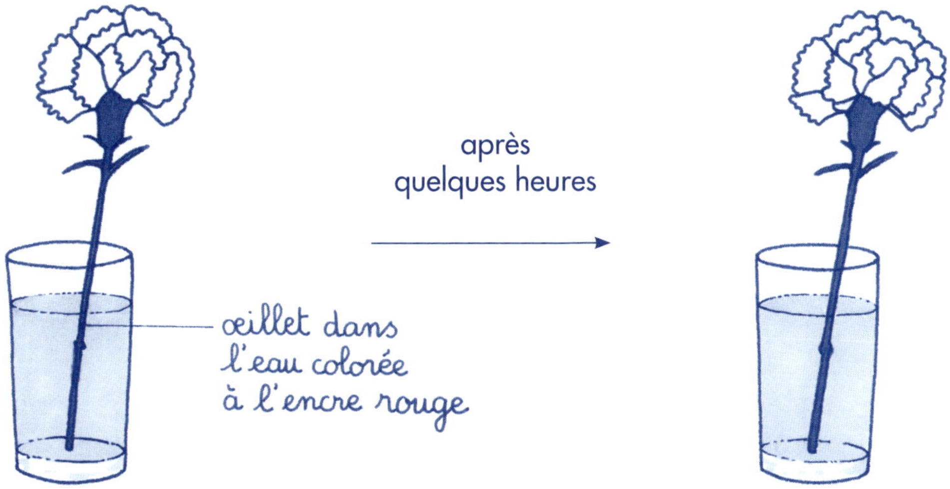

- **Dessine sur l'œillet de droite le résultat obtenu après quelques heures.**
  Que s'est-il passé ? ....

  ....

❷ • Fais tremper une branche de céleri pendant deux heures dans de l'eau colorée à l'encre rouge.

- **Puis, à l'aide d'un couteau, coupe une tranche fine dans la tige.**
  Qu'observes-tu ? ....

Dessine-le.

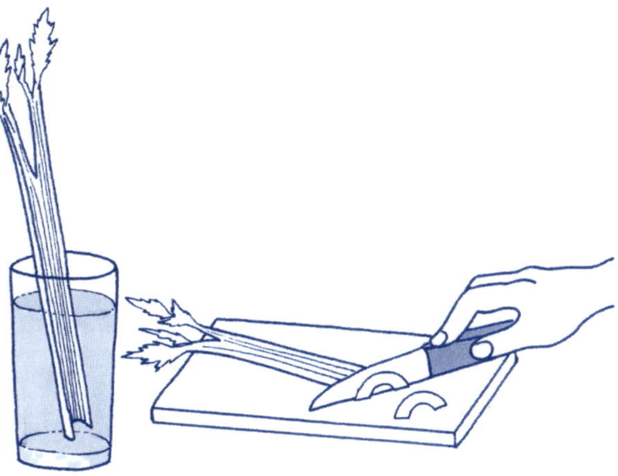

- **Coche la bonne réponse.**
  - ☐ L'eau circule dans toutes les parties de la tige.
  - ☐ L'eau circule dans des petits canaux qui sont dans la tige.

Nom : ....

Date : ....

❸ Réalise les expériences suivantes et dessine sur B le résultat observé.

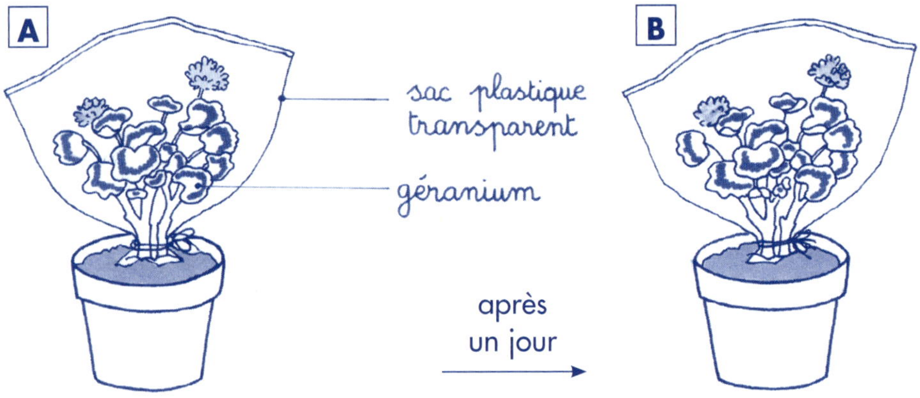

Que s'est-il passé ? ....

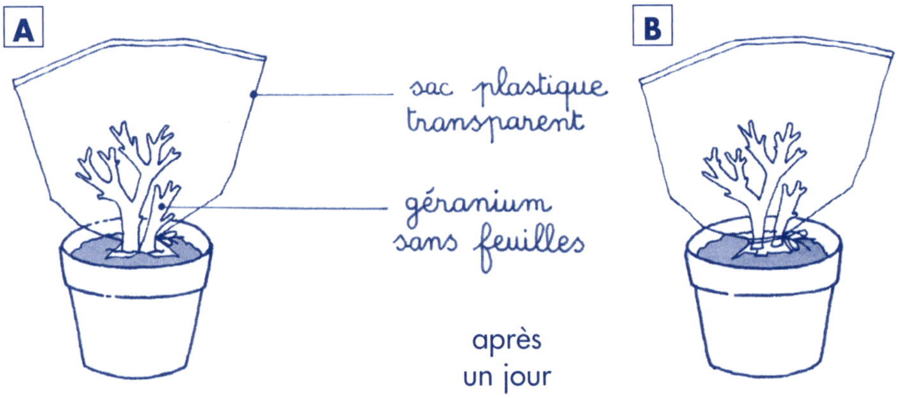

Que s'est-il passé ? ....

Par où s'échappe l'eau qui circule dans la plante ? ....

❹ Si on coupe les racines d'une plante, que lui arrive-t-il ? Pourquoi ?

....

....

Conclusion

Représente, à l'aide de flèches, le trajet de l'eau dans la plante.

Nom : ....

Date : ....

Évaluation

1 Légende la plante ci-dessous.
Puis représente à l'aide de flèches le trajet de l'eau dans la plante.

2 Légende les différentes parties de cette fleur de tulipe.

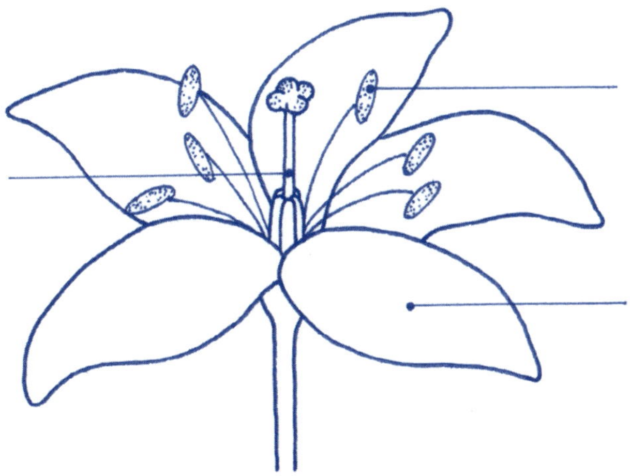

Quelle est la partie absente ? ....

Nom : ....

Date : ....

**❸ Retrouve l'ordre des étapes de la germination du haricot.
Pour cela, découpe les vignettes au bas de la page et colle-les dans le bon ordre sur le *Cycle de vie du haricot*.**

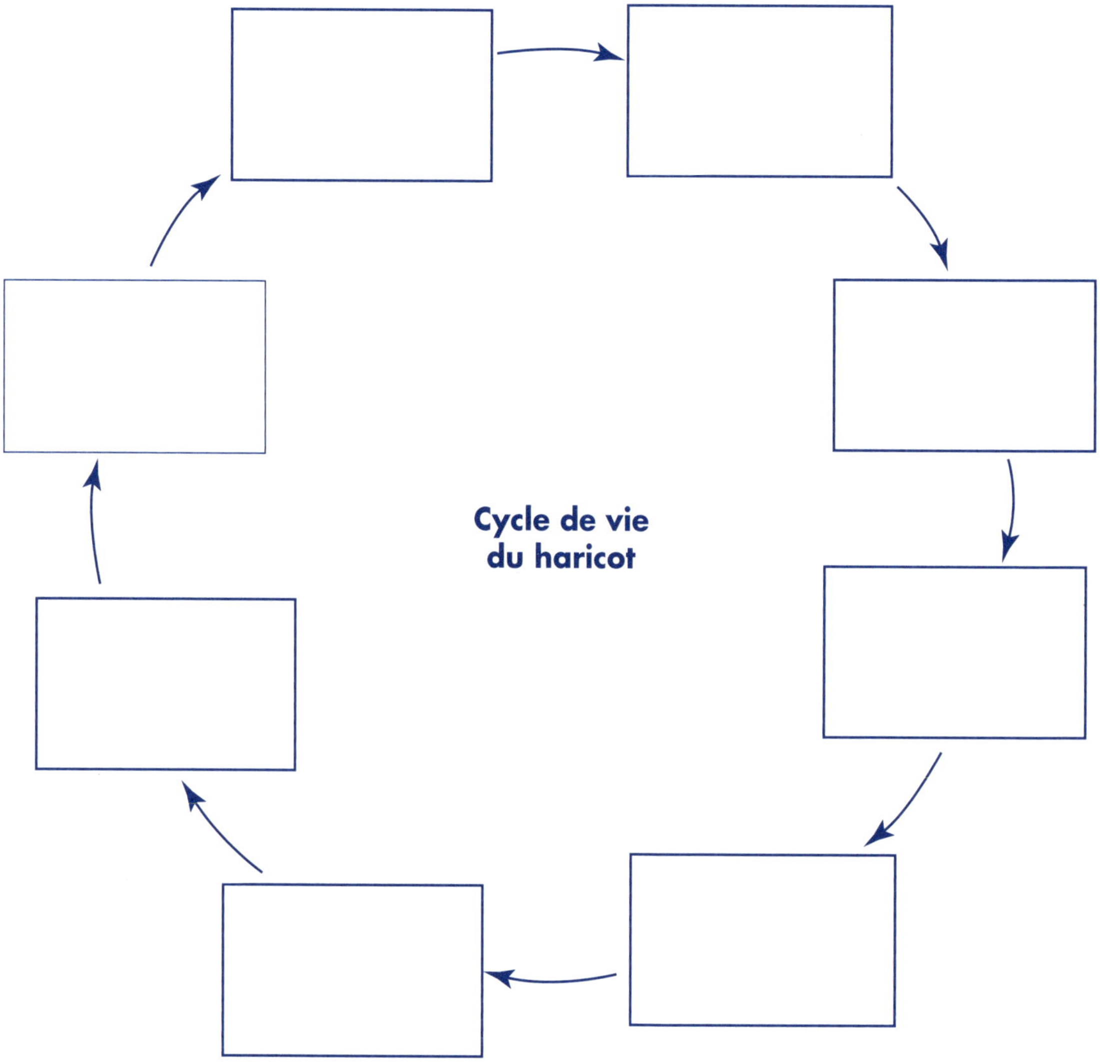

Nom : ....

Date : ....

• *Apprendre à reconnaître les insectes, les mille-pattes et les araignées en observant leurs différences.*

Apprendre à reconnaître les petits animaux

❶ Dessine un insecte, une araignée et un mille-pattes.

insecte	araignée	mille-pattes

❷ • Observe ces animaux à l'aide de ta loupe.
• Complète sur les dessins le nombre correct de pattes et d'antennes.

insecte

araignée

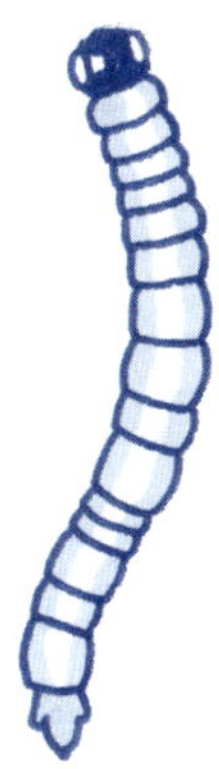

mille-pattes

Croissance et nutrition des animaux

Nom : ....

Date : ....

❸ **Redessine les trois animaux en corrigeant tes erreurs.**

insecte	araignée	mille-pattes

Conclusion

Un insecte possède .... pattes et .... antennes.

Une araignée possède .... pattes et .... antennes.

Un mille-pattes possède .... pattes et .... antennes.

Pour aller plus loin

Entoure en bleu les insectes, en rouge les araignées, en vert les mille-pattes. Attention ! il y a des intrus.

Nom : ....

Date : ....

• *Repérer les caractéristiques du vivant.*

La coccinelle

❶ Complète le texte.

Nous avons semé des graines de ...., mais les plantes ont été envahies par des .... Pour sauver nos plantes, nous avons besoin de l'aide des .... qui mangent beaucoup de ....

❷ Complète les dessins après avoir observé les animaux dans le vivarium.

une ....

un ....

Ces deux animaux ont une paire d' .... et 6 .... :
ce sont des ....

❸ Dessine ce que tu vois dans le vivarium.

Nom : ....

Date : ....

4 Découpe les vignettes au bas de la page et colle-les correctement dans le tableau.

Date :						
Le mâle et la femelle s'accouplent.	La femelle pond des œufs jaunes sur une feuille.	Les œufs éclosent : des larves en sortent.	Les larves mangent beaucoup de pucerons.	Les larves se transforment en nymphes.	Une coccinelle jaune sort.	La coccinelle devient rouge avec des points noirs.

Conclusion

Le mâle et la femelle coccinelle s'accouplent. La femelle .... jusqu'à 50 .... jaunes sur une .... Au bout de .... jours, les œufs éclosent et des .... en sortent. Elles vont manger jusqu'à 9 000 .... pendant 3 semaines. Puis elles s'accrochent et se transforment en .... Elles restent ainsi pendant .... jours. Enfin, une coccinelle de couleur .... sort. Ensuite, elle devient .... avec des points .... Elle dévorera 150 .... par jour. La coccinelle est donc d'une grande aide pour le jardinier qui veut se débarrasser des pucerons sans utiliser de produits chimiques mauvais pour la nature.

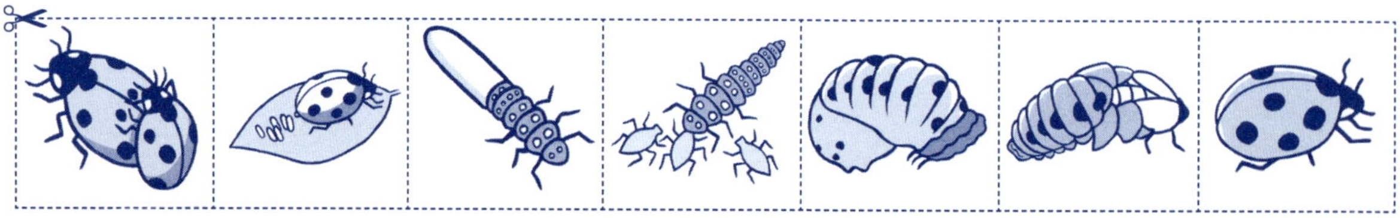

Nom : ....

Date : ....

• *Faire un lien entre la morphologie de la coccinelle et celle du papillon.*

Fiche 20a

Le développement de deux insectes

1 Découpe les étiquettes au bas de la page et colle-les dans les cases pour compléter le schéma.

La coccinelle

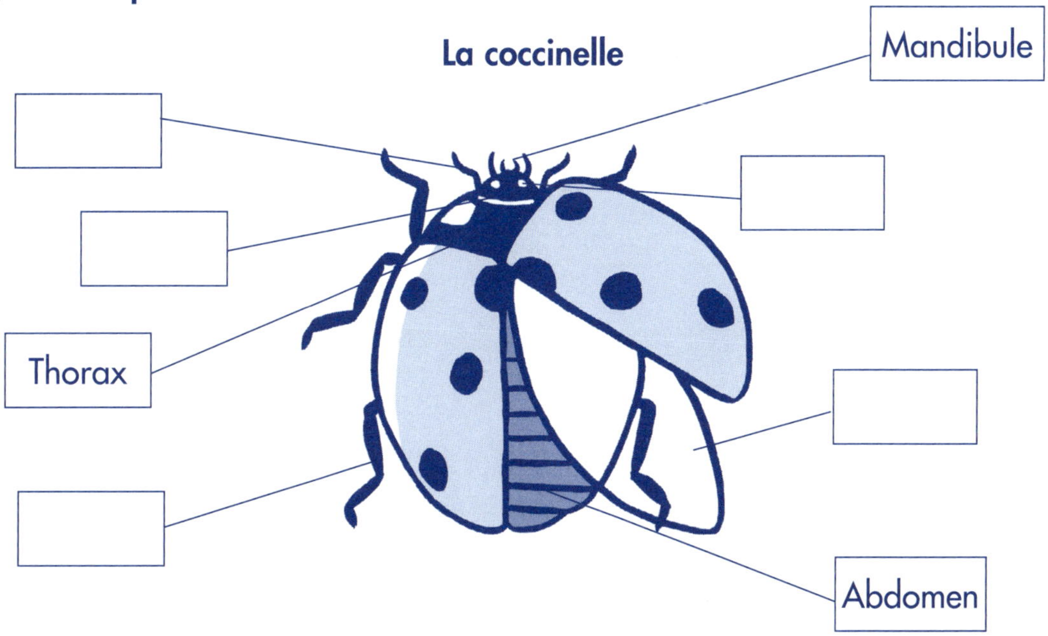

2 Relie chaque mot à la partie du papillon correspondante.

Le papillon

- Aile
- Antenne
- Œil
- Tête
- Trompe
- Patte
- Thorax
- Abdomen

Aile	Antenne	Œil	Patte	Tête

Nom : ……………………………………………

Date : ……………………………………………

❸ Indique l'ordre des différentes étapes de la vie d'une coccinelle en les numérotant.
Récopie leur nom : Coccinelle – Œufs – Larve – Nymphe.
(Tu peux t'aider du travail réalisé en fiche 19b.)

……………………

……………………

……………………

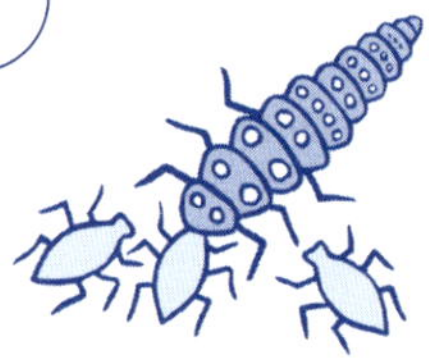

……………………

❹ Cette fois, découpe et colle dans l'ordre les images de l'évolution d'un papillon.

①	②	③	④
Œufs	Chenille	Nymphe	Papillon

CONCLUSION

Ces deux ………………………… ont de nombreux points communs.

Ils pondent des ……………… . Il en sort des ……………… ou des ……………… .

Ensuite elles se fixent et se transforment en ………………………… avant de devenir adultes.

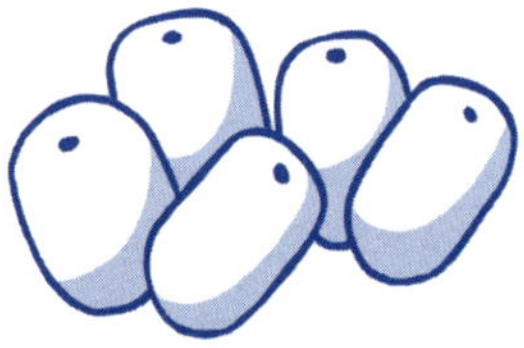

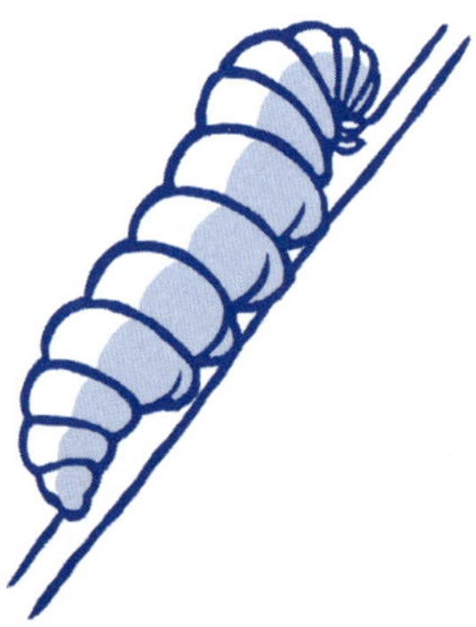

Nom : ....

Date : ....

- *Observer et mesurer la prise de poids d'un petit animal élevé dans la classe.*

La croissance d'un animal

Je suis l'animal de la classe ; je suis un .... ;
je m'appelle .... ; je suis né le ....

Pèse-moi toutes les semaines, pendant trois mois. À chaque pesée note la date et mon poids, puis colle le nombre de vignettes qui correspond à mon poids (voir fiche 21b).

Colle tes vignettes	Colle tes vignettes	Colle tes vignettes	Colle tes vignettes
Date :	Date :	Date :	Date : ....
Poids :	Poids :	Poids :	Poids : ....
Colle tes vignettes	Colle tes vignettes	Colle tes vignettes	Colle tes vignettes
Date :	Date :	Date :	Date : ....
Poids :	Poids :	Poids :	Poids : ....
Colle tes vignettes	Colle tes vignettes	Colle tes vignettes	Colle tes vignettes
Date :	Date :	Date :	Date : ....
Poids :	Poids :	Poids :	Poids : ....

Nom : ....

Date : ....

CONCLUSION (Barre la mauvaise réponse.)

La surface formée par les carrés augmente - diminue, ce qui signifie que le poids de .... augmente - diminue.

POUR T'AIDER

Pour représenter le poids de l'animal, tu vas utiliser deux types de vignettes :

– des vignettes carrées qui « valent » 100 grammes ;

– des vignettes rondes qui « valent » 10 grammes.

Exemple :

Pour la pesée suivante,

sur la fiche tu colleras :

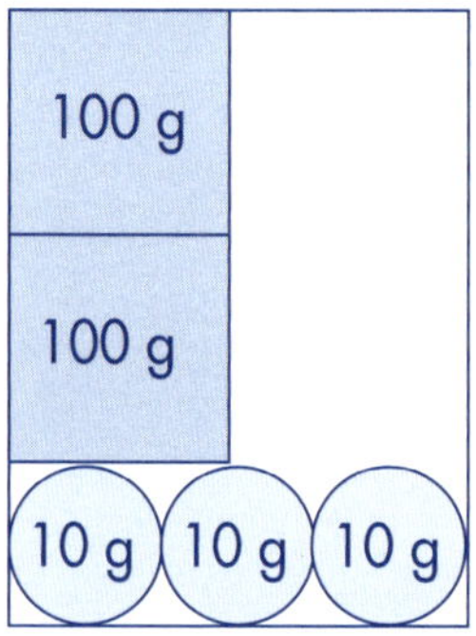

230 grammes

Vignettes de 100 grammes

100 g	100 g	100 g	100 g	100 g	100 g	100 g	100 g	100 g
100 g	100 g	100 g	100 g	100 g	100 g	100 g	100 g	100 g
100 g	100 g	100 g	100 g	100 g	100 g	100 g	100 g	100 g

Vignettes de 10 grammes

10 g	10 g	10 g	10 g	10 g	10 g	10 g	10 g	10 g	10 g	10 g	10 g	10 g
10 g	10 g	10 g	10 g	10 g	10 g	10 g	10 g	10 g	10 g	10 g	10 g	10 g
10 g	10 g	10 g	10 g	10 g	10 g	10 g	10 g	10 g	10 g	10 g	10 g	10 g

Nom : ....

Date : ....

- *Découvrir que, comme toi, les animaux préfèrent certains aliments à d'autres.*

Quels sont leurs aliments préférés ?

❶ Dessine les quatre aliments préférés parmi ceux qui sont donnés aux deux animaux élevés dans la classe.
Écris le nom de l'animal et le nom des quatre aliments.

Animal : ....

Aliments : ....
....
....
....

Animal : ....

Aliments : ....
....
....
....

❷ Réalise l'expérience décrite en fiche 22b puis complète le tableau.

Nom de l'animal		
Aliment préféré n° 1		
Aliment préféré n° 2		
Aliment préféré n° 3		
Aliment préféré n° 4		

Conclusion

Colle le dessin des deux animaux de la classe (voir fiche 22b). Écris leur nom, puis dessine dans leur assiette leurs deux aliments préférés.

Nom : ....

Nom : ....

Nom : ....

Date : ....

• Avec chacun des deux animaux de la classe, tu vas réaliser l'expérience ci-dessous.

Expérience

Donner à chaque animal quatre aliments.

Résultat

Observer quel aliment est mangé en premier.

Donner à chaque animal les trois aliments non goûtés.

Observer quel aliment est mangé en deuxième.

Donner à chaque animal les deux aliments non goûtés.

Observer quel aliment est mangé en troisième et lequel est laissé.

• **Découpe les vignettes qui représentent les animaux de ta classe et colle-les dans la partie *conclusion* de la fiche 22a.**

Nom : ....

Date : ....

• *Découvrir ce qu'est une chaîne alimentaire.*

Manger et être mangé

❶ La forêt est un grand garde-manger pour tous les êtres qui y vivent.
Qui mange qui ?
Écris le nom des plantes et des animaux sur les pointillés. Puis indique avec des flèches ce que chacun mange.

❷ • **Regarde un de ces êtres vivants et observe ce qu'il mange et par qui il peut être mangé. Repasse en rouge sur le dessin les flèches qui suivent ce parcours.**
• **Puis complète en dessinant les animaux et en écrivant leurs noms :**

....	est mangé par	....	est mangé par	....

Tu viens de représenter une chaîne alimentaire.

Nom : ....

Date : ....

• Trouve une autre chaîne alimentaire dans la forêt.

....	est mangé par	....	est mangé par	....

❸ Sais-tu comment s'appellent les animaux qui mangent :

- uniquement des végétaux ? .... ou ....
- uniquement de la viande ? ....
- des végétaux et de la viande ? ....

❹ Regarde tes deux chaînes alimentaires. Par quoi commencent-elles ? Colorie la bonne réponse.

Un végétarien ou un herbivore

Un carnivore

Un végétal

Un omnivore

❺ Classe dans ce tableau les noms des animaux qui vivent dans la forêt.

Herbivore	Omnivore	Carnivore

Nom : ....

Date : ....

• *Découvrir le principal sens utilisé par la notonecte pour repérer ses proies.*

Comment la notonecte repère-t-elle ses proies ?

Rappel des cinq sens :

– ....

– ....

– ....

– ....

– ....

❶ Lis la rubrique *Pour t'aider* de la fiche 24b.
Réalise les expériences dessinées ci-dessous. Puis coche la bonne réponse.

a. Sens testé : l'odorat

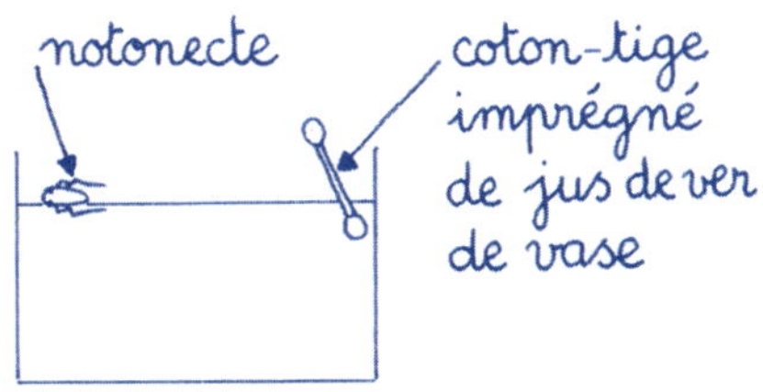

Ce que tu observes :

☐ Je me dirige vers le coton-tige.

☐ Je ne me dirige pas vers le coton-tige.

Conclusion : les notonectes

☐ utilisent ☐ n'utilisent pas

le sens .... pour repérer leurs proies.

b. Sens testé : la vue

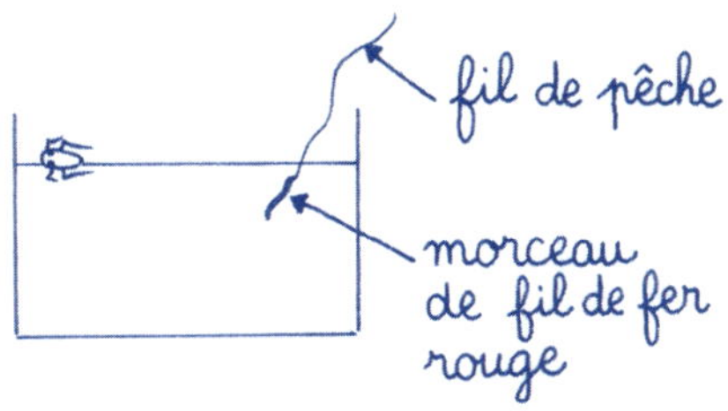

Ce que tu observes :

☐ Je me dirige vers le fil de fer rouge.

☐ Je ne me dirige pas vers le fil de fer rouge.

Conclusion : les notonectes

☐ utilisent ☐ n'utilisent pas

le sens .... pour repérer leurs proies.

c. Sens testé : le toucher

Ce que tu observes :

☐ Je me dirige vers le fil.

☐ Je ne me dirige pas vers le fil.

Conclusion : les notonectes

☐ utilisent ☐ n'utilisent pas

le sens .... pour repérer leurs proies.

Les notonectes repèrent leurs proies à l'aide de :

....

Nom : ....

Date : ....

Pour t'aider

Le ver de vase est un petit ver rouge d'environ un centimètre qui vit dans la vase des mares et des étangs. Il est la proie de nombreux insectes de la mare, notamment la notonecte.

La notonecte est un insecte carnivore typique des mares. Il fait partie de la famille des punaises.

Attention à ne pas trop la taquiner, elle peut piquer.

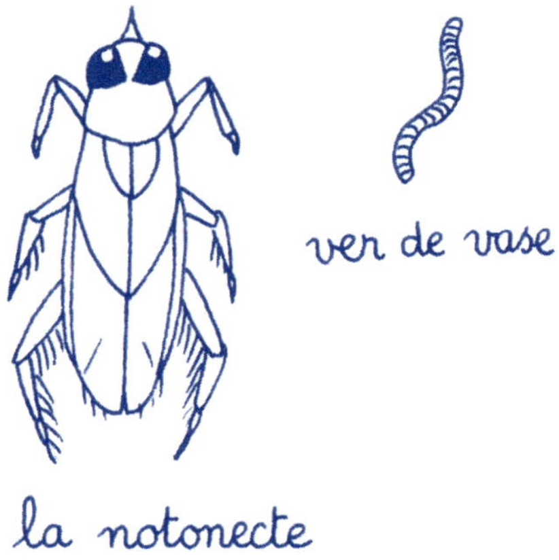

Pour aller plus loin

Pour la même expérience, voici les résultats obtenus avec un dytique, qui est un autre insecte se nourrissant de vers de vase.

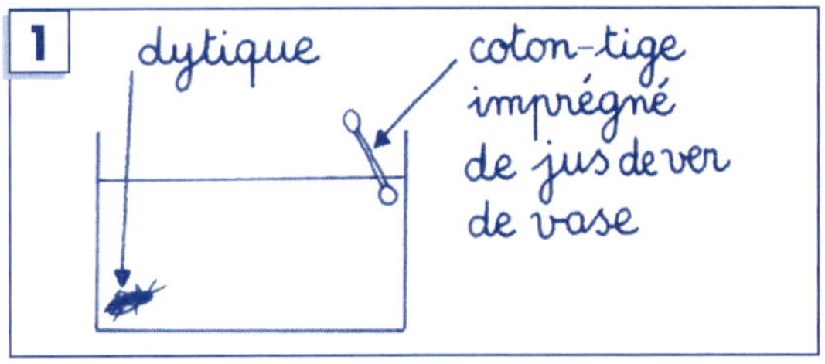

Résultat : Le dytique se précipite sur le coton-tige.

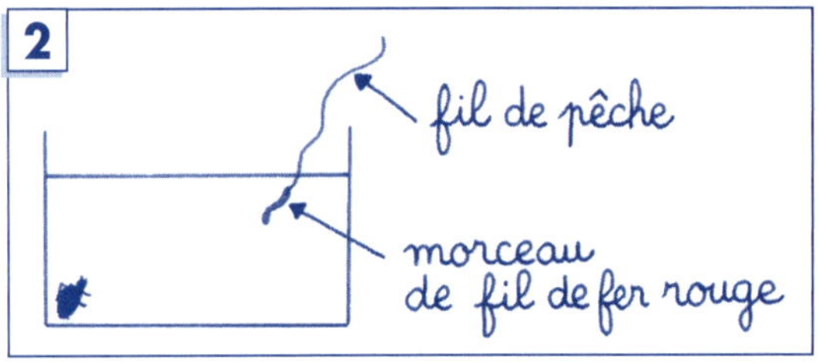

Résultat : Aucun mouvement du dytique.

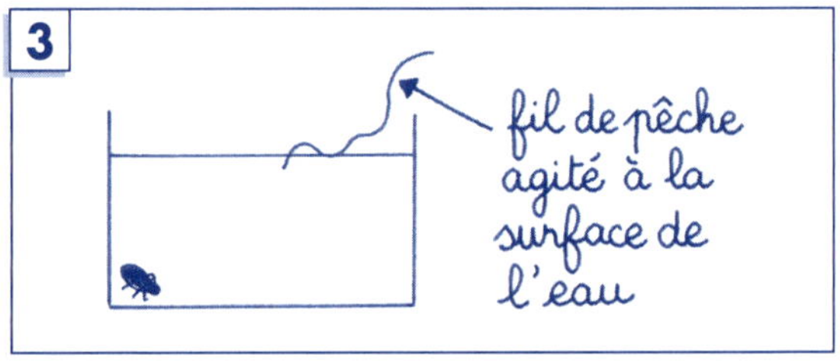

Résultat : Aucun mouvement du dytique.

Quels sont les sens testés lors de ces expériences ?

Expérience 1. Sens testé : ....

Expérience 2. Sens testé : ....

Expérience 3. Sens testé : ....

Conclusion

Le dytique repère sa proie à l'aide ....

Nom : ....

Date : ....

• *Te mesurer tout au long de l'année afin de vérifier que ton corps grandit.*

Fiche 25a

Mon corps grandit

1 Fixe ta toise au mur : elle doit être bien droite et le bord qui indique zéro doit toucher le sol. Fais-toi aider par un camarade.

- Chaque mois, place-toi contre la toise. Colle tes talons, pieds nus, contre le 0 et tiens-toi bien droit.
- Un camarade fait une trace sur la toise pour indiquer l'endroit où arrive le sommet de ta tête.
- Note les résultats dans le tableau.

Mois					
Taille en cm					
Écart					

Mois					
Taille en cm					
Écart					

Nom : ....

Date : ....

❷ Tes mains grandissent-elles aussi ?

Pour le vérifier, fais une empreinte de l'une d'elles en début d'année : mets de la peinture sur toute la surface de la paume de ta main droite, appuie doucement et en une seule fois, sans glisser, dans la case de gauche du tableau ci-dessous. Recommence en fin d'année : fais ton empreinte dans la case de droite, puis mesure les empreintes et compare-les.

Empreinte de ma main au début de l'année, le ....../....../........	Empreinte de ma main en fin d'année, le ....../....../........

Conclusion

En .... mois, j'ai grandi de .... centimètres. Ma main a grandi de .... centimètres.

Avez-vous tous grandi de la même façon ? ....

Grandit-on toute sa vie ? .... Les adultes ....

Nom : ....

Date : ....

• *Apprendre à équilibrer ton alimentation.*

Une alimentation bien équilibrée dans la journée

1 Pourquoi doit-on se nourrir ?

....

....

2 • Te nourris-tu correctement ?

Fais le point en notant dans ce tableau ce que tu manges et ce que tu bois à chaque repas de la journée.

Au petit déjeuner	
Au déjeuner	
Au goûter	
Au dîner	
Les aliments que j'ai mangés entre les repas (récréations...)	

• Comment savoir si tu as une bonne alimentation ?

Avec la rubrique *Pour t'aider* (fiche 26b), retrouve à quel groupe appartient chaque aliment que tu as mangé.

Entoure à l'aide de crayons de couleur les aliments du tableau ci-dessus selon leur groupe :

groupes	1	2	3	4	5	6
couleurs	bleu	rouge	jaune	vert	orange	marron

Puis coche ce que tu observes :

☐ J'ai utilisé toutes les couleurs plusieurs fois.

☐ Je n'ai pas utilisé toutes les couleurs, ou il y a une ou deux couleurs que j'ai beaucoup plus utilisées.

Alors, as-tu une alimentation équilibrée ? ☐ oui ☐ non

Nom : ....

Date : ....

Pour t'aider

Les aliments peuvent être classés en différents groupes :

1. Les boissons. 	**2.** Le lait, les yaourts, le fromage, les crèmes… 	**3.** Le pain, les céréales, le riz, les pâtes, les pommes de terre, les gâteaux secs, les produits sucrés… 
4. Les matières grasses : beurre, huile… 	**5.** Les viandes, le poisson, les œufs, la charcuterie. 	**6.** Les fruits et les légumes. 

Attention ! certains aliments cuisinés peuvent appartenir à plusieurs familles.
Ex. : les frites appartiennent au groupe 3 pour les pommes de terre et au groupe 4 car elles sont cuites dans l'huile.

❸ Parmi ces repas, entoure ceux qui te paraissent équilibrés.

❹ Avec tes camarades, compose un repas équilibré pour le déjeuner.
Au menu : ....

....

....

....

....

Conclusion

Pour être en bonne santé, il faut avoir une alimentation ...., c'est-à-dire manger de .... en quantité raisonnable (ni trop, ni trop peu). Il faut boire au moins six verres d'eau par .... Attention aux sucreries, qui peuvent te faire prendre du poids et donner des ....

Nom : ....

Date : ....

- *Découvrir ce qui change dans ton corps pendant et après un effort.*

Les modifications dans mon corps lors d'un effort

1 Tu viens de courir.

Coche les changements que tu observes :

☐ Je respire plus.
☐ Je respire moins.
☐ J'ai chaud.
☐ J'ai froid.
☐ Mon cœur bat plus vite.
☐ Mon cœur bat moins vite.

2 Compte combien de fois tu respires en 30 secondes.

- Avant un effort : .... respirations en 30 secondes.
- Après une course de 2 minutes : .... respirations en 30 secondes.
- 5 minutes après l'effort : .... respirations en 30 secondes.

3 Mesure ton pouls (voir *Pour t'aider* fiche 27b).

- Avant un effort :

  .... battements en 30 secondes.
- Après une course de 2 minutes :

  .... battements en 30 secondes.
- 5 minutes après l'effort :

  .... battements en 30 secondes.

CONCLUSION (Entoure les bonnes réponses.)

Lors d'un effort, je respire *plus* / *moins*, mon cœur bat *plus* / *moins* vite et j'ai *plus* / *moins* chaud.

Après l'effort, je récupère, alors je respire *plus* / *moins*, mon cœur bat *plus* / *moins* vite et j'ai *plus* / *moins* chaud.

Nom : ....

Date : ....

Pour t'aider

Le pouls : c'est le rythme de ton cœur.
Pour mesurer ton pouls pendant 30 secondes, pose ton index sur la face intérieure de ton poignet, sur le côté gauche.
Tu peux aussi le prendre au niveau de ta gorge. Tu sens alors le passage de ton sang.
Lorsque le médecin prend ton pouls, il le mesure sur une minute.

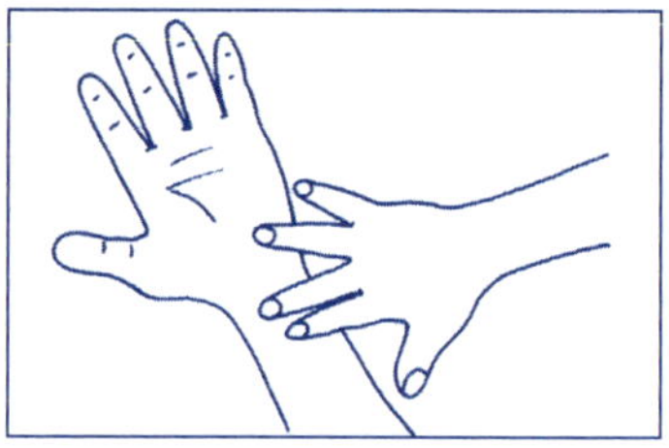

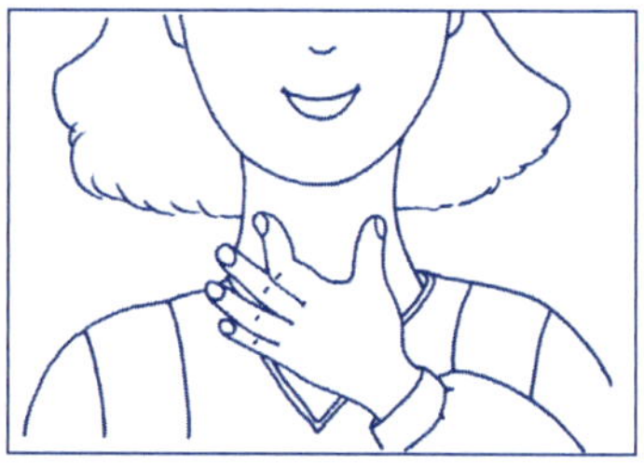

Pour aller plus loin

Mesure ton pouls et ton rythme respiratoire après :

- 3 flexions en 30 secondes ;
- 5 flexions en 30 secondes ;
- 10 flexions en 30 secondes ;
- 12 flexions en 30 secondes.

Nombre de flexions	Pouls	Rythme respiratoire
3		
5		
10		
12		

Conclusion (Entoure les bonnes réponses.)

Plus l'effort est important, plus mon pouls *augmente* / *diminue*

et plus mon rythme respiratoire *augmente* / *diminue* .

Nom : ....

Date : ....

- *Noter les activités quotidiennes et constater ce qu'il y a en trop ou en quantité insuffisante.*

Équilibrer les activités d'une journée

1 Journée d'école

- **Sommeil :** Heure du coucher : .... Heure du lever : ....
  Temps de sommeil : ....
- **École :** Temps passé dans la classe : ....
  Temps de sport et de récréation : ....
- **À la maison :** Temps de travail pour l'école : ....
  Temps passé devant la télévision, un jeu vidéo ou un ordinateur : ....
- **Les repas :** Précise, en cochant la bonne case, si tu as fait ou non ces différents repas, et si oui, en combien de temps.

		Temps à table	
Petit déjeuner :	☐ oui	....	☐ non
Déjeuner :	☐ oui	....	☐ non
Goûter :	☐ oui	....	☐ non
Souper :	☐ oui	....	☐ non

2 Journée à la maison

- **Sommeil :** Heure du coucher : .... Heure du lever : ....
  Temps de sommeil : ....
- **Activités en dehors de la maison :** Temps de sport : ....
  Temps pour d'autres activités (musique, lecture…) : ....
- **À la maison :** Temps de travail pour l'école : ....
  Temps passé devant la télévision, un jeu vidéo ou un ordinateur : ....
- **Les repas :** Précise, en cochant la bonne case, si tu as fait ou non ces différents repas, et si oui, en combien de temps.

		Temps à table	
Petit déjeuner :	☐ oui	....	☐ non
Déjeuner :	☐ oui	....	☐ non
Goûter :	☐ oui	....	☐ non
Souper :	☐ oui	....	☐ non

Manges-tu en dehors de ces repas ? ☐ oui ☐ non

Nom : ....

Date : ....

CONCLUSION

Regarde les dessins qui représentent les activités d'un enfant de ton âge.
Compare-les avec tes réponses (fiche 28a) puis coche les cases qui te correspondent.

- **Sommeil**

11-12 h

Je me couche :
- ☐ à la bonne heure
- ☐ trop tard
- ☐ Il me manque des heures de sommeil.
- ☐ Je dors le bon nombre d'heures.
- ☐ Je dors trop.

- **Activités en dehors de la maison**

Musique ou autre : 1h - 1h30 et/ou sport : 1h - 1h30

- ☐ Je fais trop d'activités en dehors de la maison.
- ☐ Je ne fais pas assez d'activités en dehors de la maison.
- ☐ Je fais assez d'activités en dehors de la maison.

- **À la maison**

Jour d'école : 1h max. / le mercredi : 1h30 max.

- ☐ Je passe trop de temps devant la télévision (ou à des jeux vidéo).
- ☐ Je ne passe pas trop de temps devant la télévision (ou à des jeux vidéo).

- **Les repas**

15 à 20 min

30 à 40 min

10 à 15 min

30 à 40 min

Je mange trop vite : ☐ oui ☐ non

Nom : ....

Date : ....

• *Découvrir la diversité des microbes.*

À la découverte des microbes

1 • Qu'as-tu observé ?

....

....

• Qu'est-il arrivé à cet aliment ?

....

....

2 Relie ce qui va ensemble.

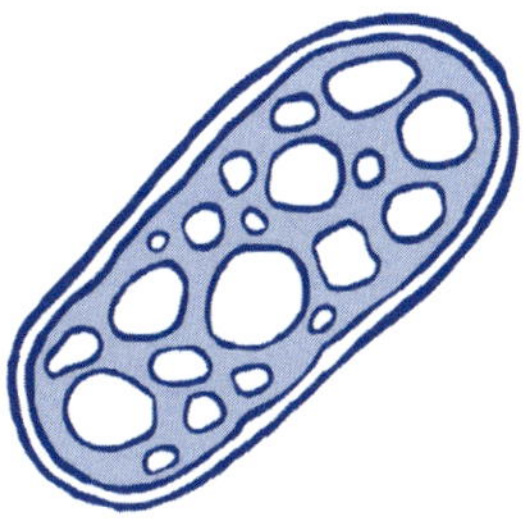 •

• 

• virus •

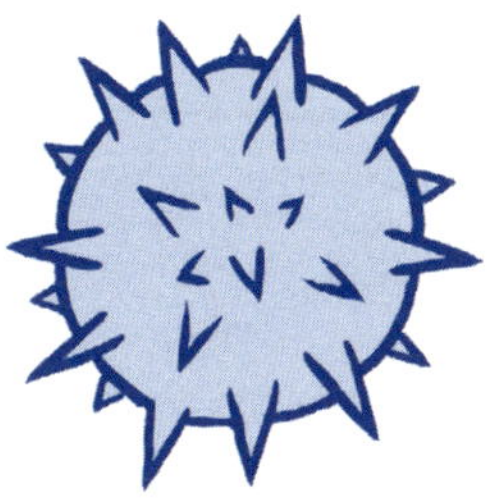 •

• champignons •

• 

• bactéries •

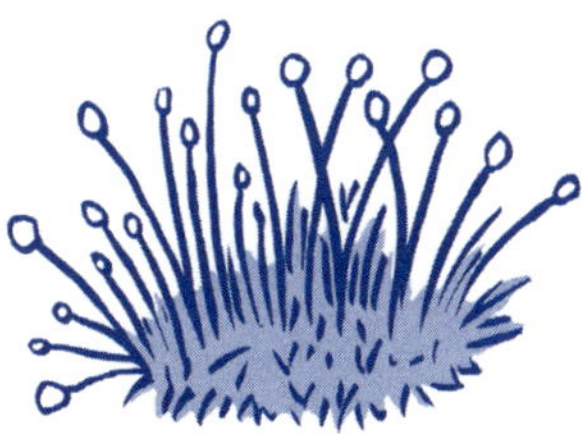 •

• 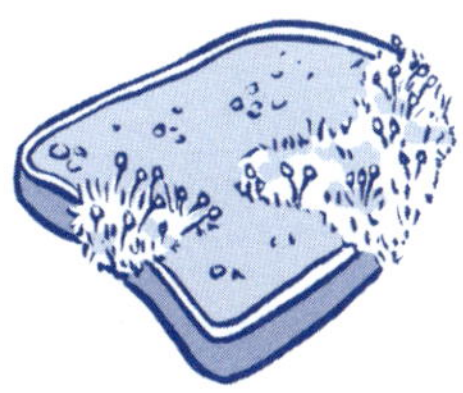

3 Les microbes sont-ils tous nos ennemis ? pourquoi ?

....

....

....

....

Nom : ……………………………………

Date : ……………………………………

Pour t'aider

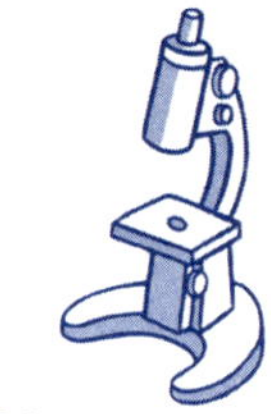

Les **moisissures** sont des champignons microscopiques. Ce sont des **microbes**. Ils vivent partout autour de nous mais ils sont si petits qu'on ne peut pas les voir à l'œil nu ; il faut utiliser un microscope.
Il y a **plusieurs familles de microbes** : les champignons, les bactéries, les virus. Certains sont utiles pour notre corps, par exemple des bactéries présentes dans notre intestin nous aident à digérer ; mais d'autres peuvent nous donner des maladies, comme des otites.

❹ Tu vas fabriquer du pain avec l'aide de ton enseignant.
Réalise les deux recettes suivantes. Que peux-tu observer ? Quelle est la différence entre les deux résultats ? Complète.

- **Mélange 1**

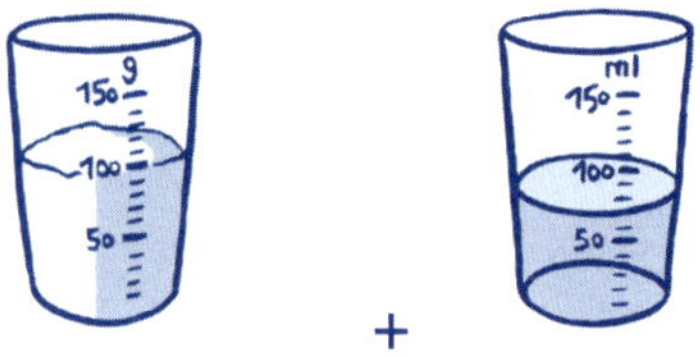

\+ =

100 g de farine + 75 ml d'eau = ……………………………………

- **Mélange 2**

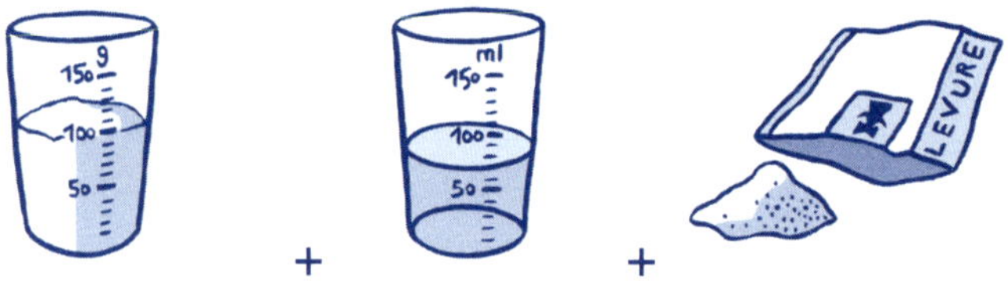

\+ + =

100 g de farine + 75 ml d'eau + levure = ……………………………………

La levure est ……………… microscopique qui fait ……………… la pâte à ……………… . Elle rend le pain plus ……………… .

Conclusion

Certains ……………… peuvent nous rendre ……………… mais d'autres sont nos ……………… . Par exemple, les ……………… présentes dans notre intestin nous aident à ……………… , et la ……………… (qui est un champignon) nous permet de faire du ……………… , des yaourts, de la bière…

Nom : ....

Date : ....

• *Comprendre qu'il faut conserver les aliments au froid.*

La conservation des aliments

❶ Où ranges-tu ces aliments pour bien les conserver ? Relie le panier aux bonnes réponses.

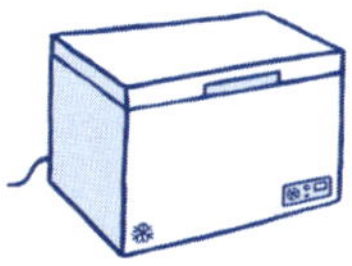

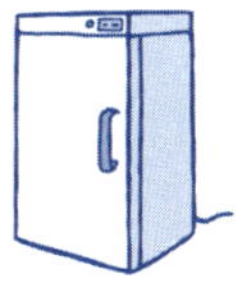

❷ • Observe et réalise cette expérience.
Indique pour chaque dessin où est placée la tranche de pain et la température correspondante.

....

....

....

....

• Dans quelles conditions les moisissures se développent-elles ?

....

....

....

....

Fiche 30b

Règles d'hygiène et de sécurité

Nom : ....

Date : ....

3 • Avec ta classe, réalise l'expérience suivante :

– Mettez quelques haricots blancs secs dans 3 petits pots en verre et recouvrez-les d'eau. Fermez chaque pot avec son couvercle percé de 4 à 5 trous.

– Placez un pot dans un réfrigérateur, un autre sur une étagère de la classe, un autre près d'une source de chaleur (radiateur).

– Observez les résultats après 24 h.

• Dessine ce que tu peux observer dans chaque pot :

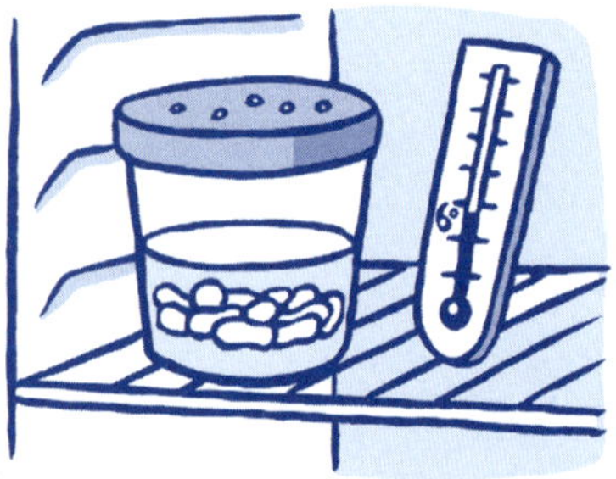

Après 24 h :

Après 24 h :

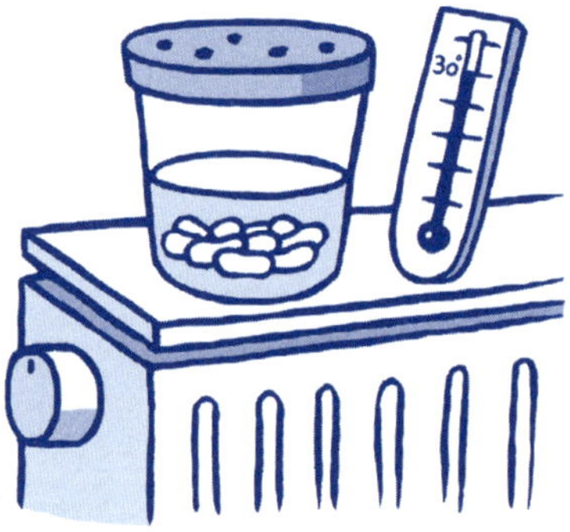

Après 24 h :

Conclusion

Plus la température est ...., plus les aliments s'abîment, ce qui explique que l'on conserve les aliments au ....

Nom : ....

Date : ....

• *Comprendre l'intérêt du recyclage.*

Le recyclage des déchets

1 Compte le nombre de bouteilles en verre ou en plastique ou le poids de papier à recycler en une semaine.

Prénom		Lundi	Mardi	Mercredi	Jeudi	Vendredi	Total
	Nombre de bouteilles en plastique						
	Nombre de bouteilles en verre						
	Poids de papier (en kg)						

Pour t'aider

Avec 2 bouteilles en plastique recyclées, on peut fabriquer 1 montre.

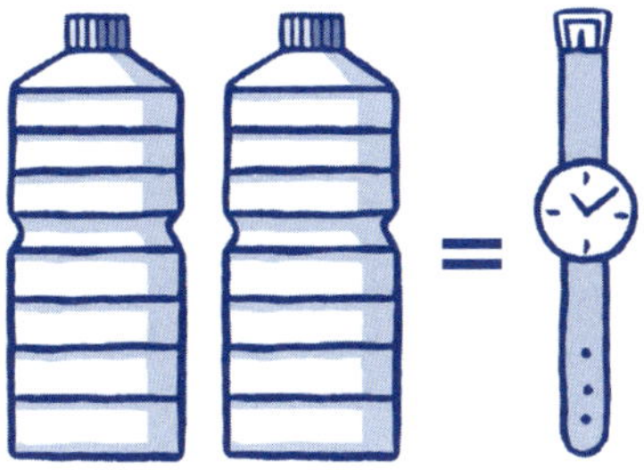

Avec 3 bouteilles en verre recyclées, on peut refabriquer 2 bouteilles en verre.

Avec 1 kg de vieux papiers, on peut faire environ 1 kg de papier recyclé.

Nom : ....

Date : ....

2 Lis la rubrique *Pour t'aider* (fiche 31a). Découpe les vignettes, puis complète :

• Bouteilles en plastique

On a récupéré [ ],

on peut fabriquer [ ].

• Bouteilles en verre

On a récupéré [ ],

on peut fabriquer [ ].

• Papier

On a récupéré [ ], on peut fabriquer [ ].

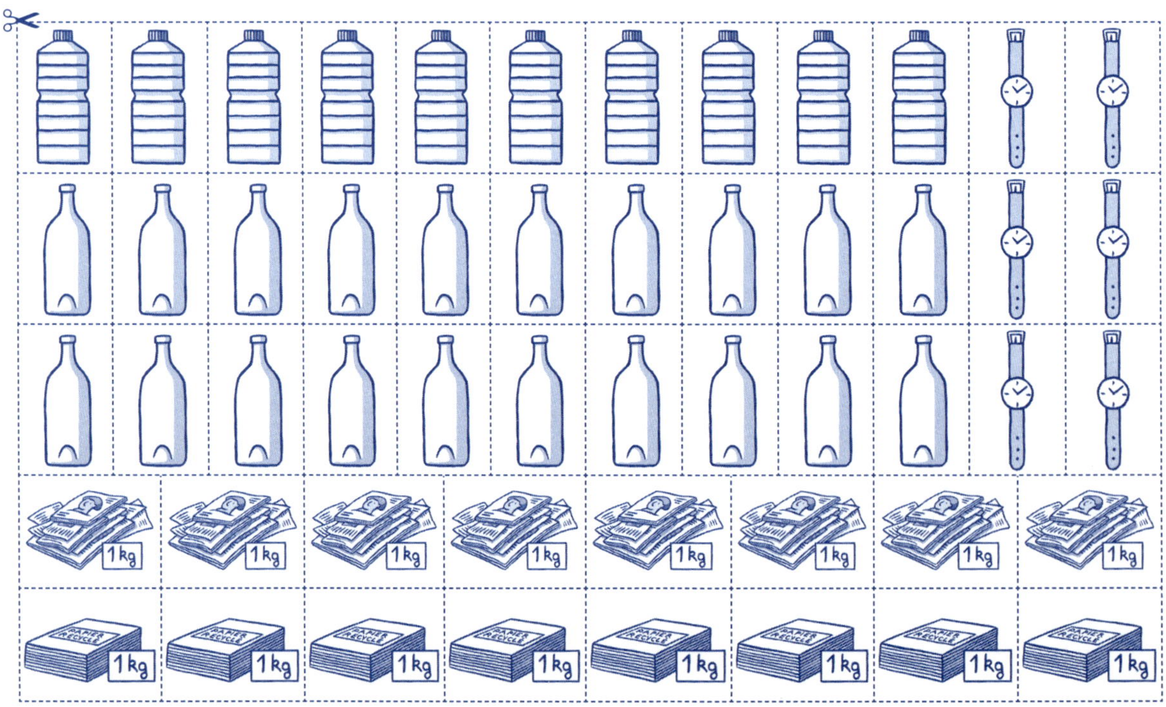

Nom : ....

Date : ....

• *Connaître les différents états de l'eau.*

L'eau dans tous ses états

1 Relie les images aux logos qui correspondent à l'état de l'eau.

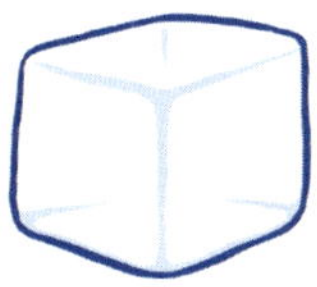

Conclusion

Il existe 3 états de l'eau : ...., ..., ...

Nom : ....

Date : ....

❷ • **Réalise les expériences suivantes et indique les températures relevées.**

La température est de :

....

La température est de :

....

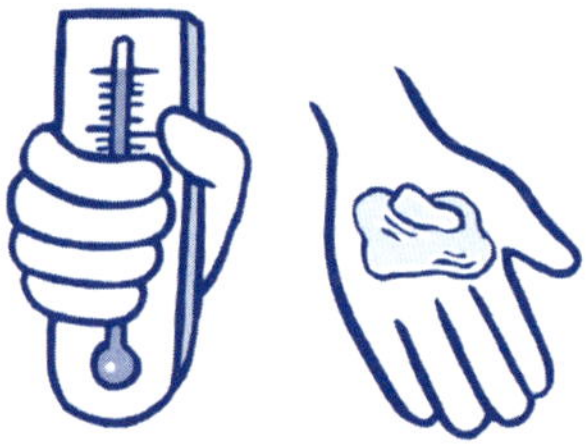

La température est de :

....

• **Entoure la situation où le glaçon a fondu le plus vite.**

❸ **Comment transformer l'eau en gaz ?**
Complète le dessin et écris les légendes.

Conclusion

Si on fait varier la ...., on peut faire changer les .... de l'eau. En dessous de 0 degré, l'eau est à l'état ...., c'est de la glace. Au-dessus de cette température, l'eau est à l'état .... À 100 degrés, l'eau bout, il y a de grosses .... ; l'eau est à l'état ....

Nom : ……………………………………

Date : ……………………………………

- *Déterminer ce qui caractérise les solides et les liquides.*

Fiche 33a

La matière

Solide ou liquide ?

❶ Indique sous chaque image s'il s'agit d'un SOLIDE ou d'un LIQUIDE.

……………………

……………………

……………………

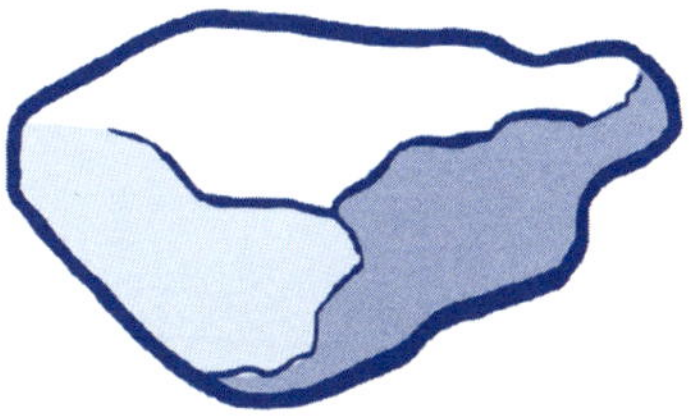

……………………

……………………

……………………

……………………

……………………

……………………

Nom : ....

Date : ....

❷ • **Réalise l'expérience suivante : dépose dans le récipient transparent les objets qui te sont proposés et dessine le résultat.**

→
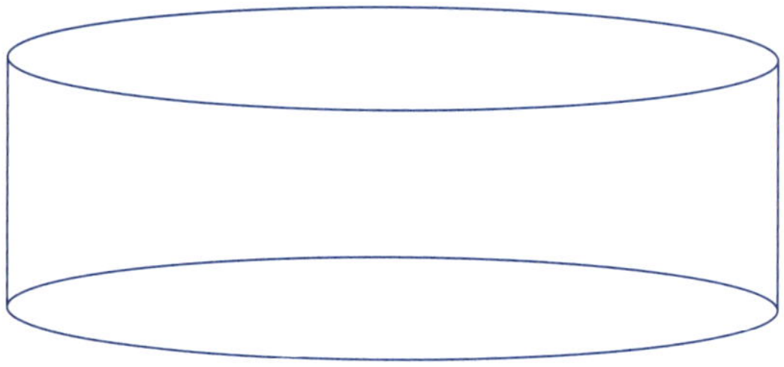

→
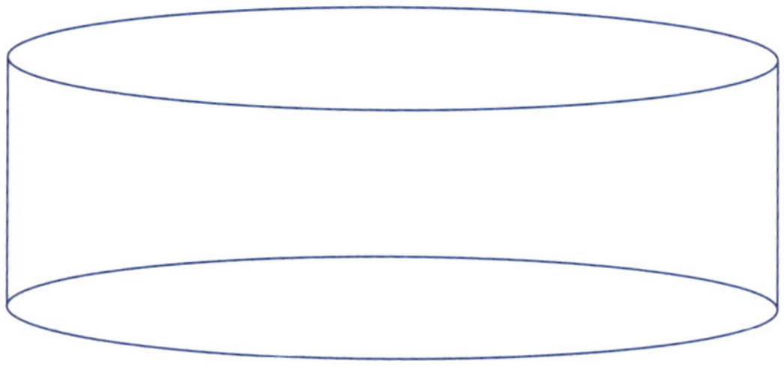

→
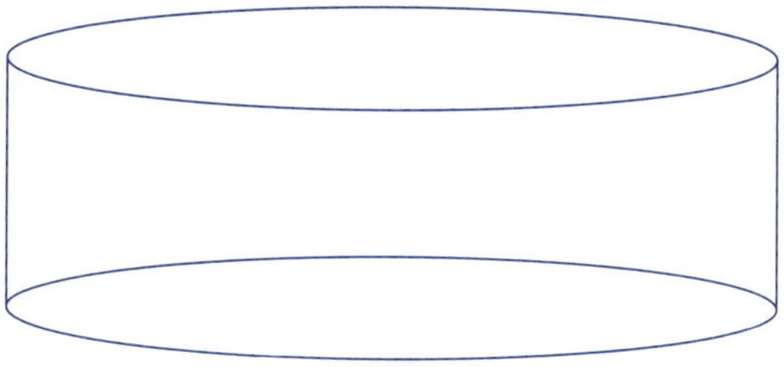

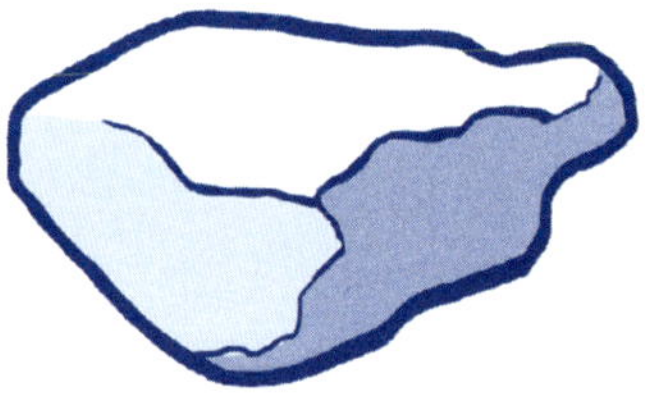
→
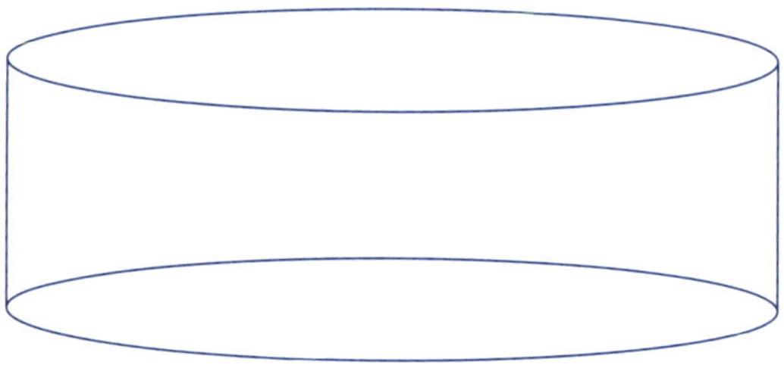

• **Que remarques-tu ?**

....

....

Conclusion

Un liquide .... la forme du récipient qui le contient et sa surface est .... Il s'écoule et ne peut pas être tenu dans la main.

Un solide .... la forme du récipient et sa surface est identique à celle de départ. Il ne change pas de forme, il ne s'écoule pas et peut être tenu dans la main.

Nom : ....

Date : ....

• Mettre en évidence la matérialité de l'air.

L'air

1 • Que contenaient les bouteilles en plastique que ton enseignant t'a données ?

....

....

• Que contiennent-elles maintenant ?

....

2 Réalise les deux expériences suivantes.

• Appuie sur une bouteille en mettant son goulot devant ton visage.

Que se passe-t-il ?

....

• Place un ballon sur le goulot de la deuxième bouteille. Puis appuie sur la bouteille.

Complète les schémas en dessinant le ballon.

a.

b.

Que s'est-il passé ? ....

Conclusion

La bouteille n'est pas .... Il y a de ....

à l'intérieur. Il est ....

Nom : ....

Date : ....

❸ Réalise les expériences suivantes.

- Retourne un verre vide dans une bassine qui contient un peu d'eau.
  Complète le schéma en coloriant l'eau en bleu.

Que se passe-t-il ? ....

- Remplis le verre d'eau dans la bassine et retourne-le.
  Complète le schéma en coloriant l'eau en bleu.

- Maintenant, glisse une paille dans le verre et souffle.
  Complète le schéma pour montrer ce qu'il se passe quand tu envoies de l'air à l'intérieur du verre.

Conclusion

Dans ces expériences, l'air .... l'eau.

Donc, même s'il est invisible, l'air est de la ....

Nom : ....

Date : ....

Fiche 35a

Évaluation

Évaluation

❶ Observe le contour de ces animaux.
Dessine le bon nombre de pattes puis coche la bonne réponse.

a.

☐ Je suis un insecte.
☐ Je suis une araignée.
☐ Je suis un mille-pattes.

b.

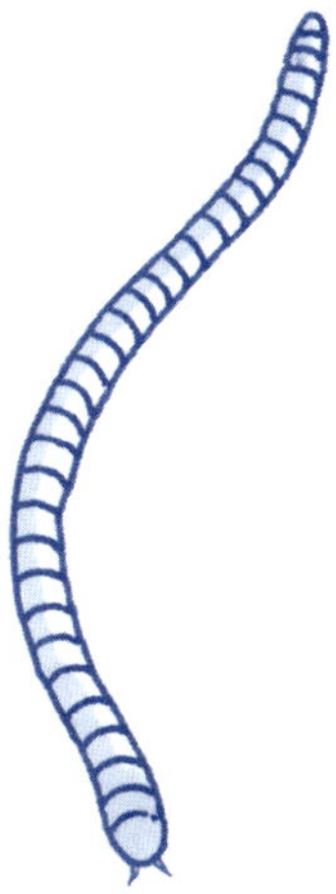

☐ Je suis un insecte.
☐ Je suis une araignée.
☐ Je suis un mille-pattes.

c.

☐ Je suis un insecte.
☐ Je suis une araignée.
☐ Je suis un mille-pattes.

❷ Complète le tableau de la chaîne alimentaire d'après le dessin.

....	est mangé par	....	est mangé par	....	est mangé par	....

Fiche 35b

Évaluation

Nom : ....

Date : ....

3 Relie les déchets à la bonne poubelle. Quand ils sont recyclables, prolonge ta flèche jusqu'à l'objet qu'ils permettent de fabriquer.

4 Complète le dessin en reliant les éléments aux vignettes correspondant à leur état.

Découpe et colle contre un mur cette toise. Elle va te permettre de te mesurer chaque fin de mois.
Tu peux la décorer, mais fais attention à ne pas gêner la mesure.

25	50	75
24	49	74
23	48	73
22	47	72
21	46	71
20	45	70
19	44	69
18	43	68
17	42	67
16	41	66
15	40	65
14	39	64
13	38	63
12	37	62
11	36	61
10	35	60
9	34	59
8	33	58
7	32	57
6	31	56
5	30	55
4	29	54
3	28	53
2	27	52
1	26	51
0	25	50

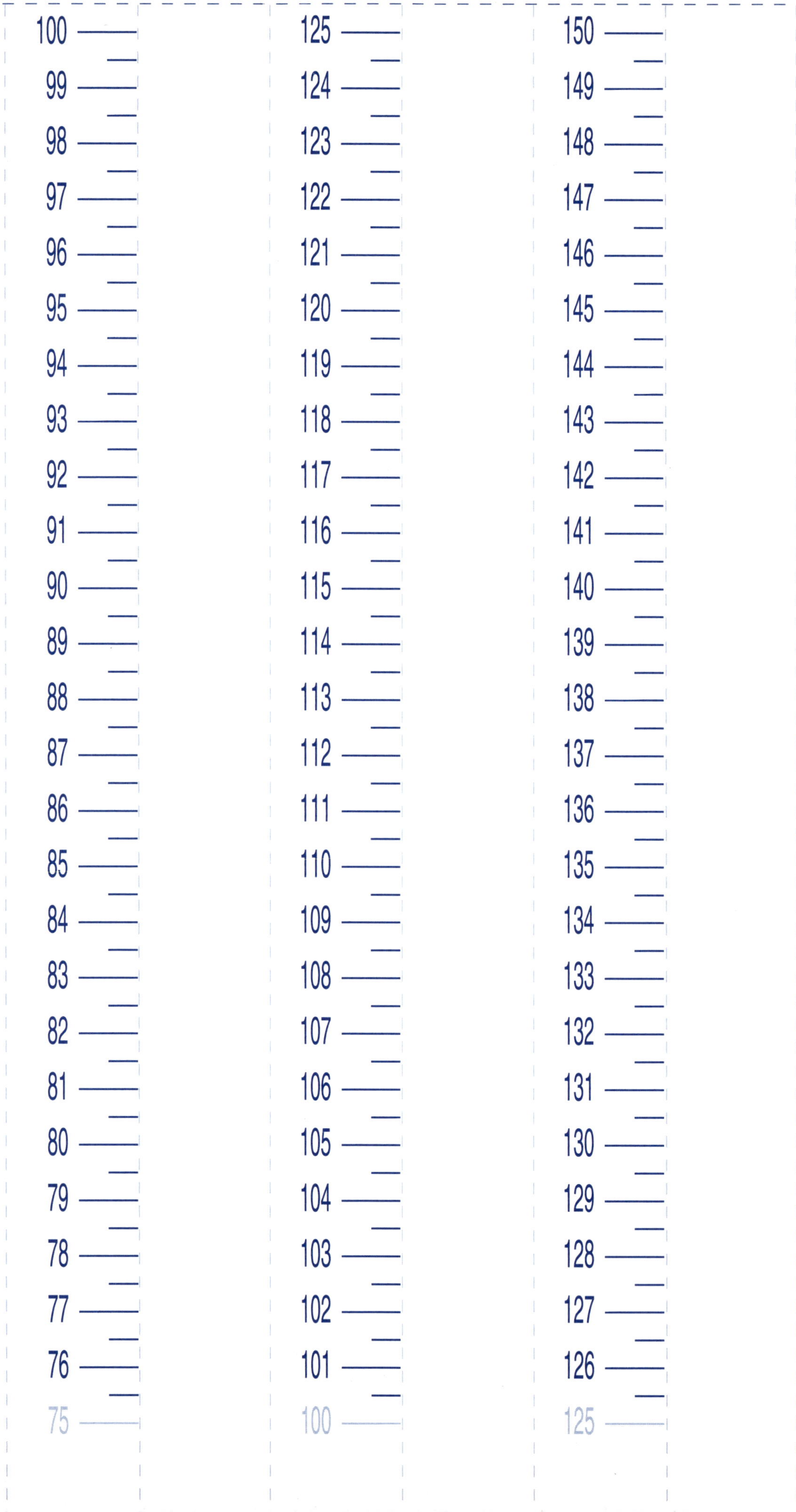
100
99
98
97
96
95
94
93
92
91
90
89
88
87
86
85
84
83
82
81
80
79
78
77
76
75
125
124
123
122
121
120
119
118
117
116
115
114
113
112
111
110
109
108
107
106
105
104
103
102
101
100
150
149
148
147
146
145
144
143
142
141
140
139
138
137
136
135
134
133
132
131
130
129
128
127
126
125